La Communication d'Entreprise

Dans la même collection

(extraits)

dirigée par Yves SIMON

4. GOGUE Jean-Marie, *Le management de la qualité*, 4e éd.
9. HERMEL Laurent et QUIOC Jean-Paul, *Le marketing direct.*
11. PATEYRON Emmanuel-Arnaud, *Le management stratégique de l'information.*
15. LIVIAN Yves Frédéric, *Introduction à l'analyse des organisations*, 2e éd.
16. GUIMARD Anne, *La communication financière*, 3e éd.
38. PATEYRON Emmanuel-Arnaud et SALMON Robert, *Les nouvelles technologies de l'information et l'entreprise.*
40. DAUBERVILLE Béatrice, GILBERT Patrick et PIGEYRE Frédérique, *Les sciences humaines dans l'entreprise.*
42. HATEM Fabrice, *Introduction à la prospective.*
43. DÉCAUDIN Jean-Marc, *Glossaire de la communication marketing.*
48. HERMEL Laurent et NICOLAS Anne-Laure, *Le multimédia marketing et Internet.*
56. HERMEL Laurent et NICOLAS Anne-Laure, *Glossaire multimédia et Internet.*
64. GERMAIN Michel, *L'Intranet.*
70. GERMAIN Michel, *De la conduite du projet à l'évaluation de l'Internet.*

La Communication d'Entreprise

Thierry LIBAERT

2e édition

ECONOMICA
49, rue Héricart, 75015 Paris

Du même auteur

La Communication Verte, L'écologie au service de l'entreprise, Éditions Liaisons, 1992. Médaille 1993 de l'Académie des Sciences Commerciales

La Communication de Proximité, Communication locale, communication de terrain, Éditions Liaisons, 1996, 2e édition 2001

La Communication Interne (avec Nicole d'Almeida), Éditions Dunod Topos 1998, 2e éd. 2000, 3e éd. 2002, 4e édition 2004

Le Plan de Communication, Éditions Dunod, 2000, 2e éd. 2003

La Communication de Crise, Éditions Dunod Topos, 2001

La Transparence en trompe-l'œil, Éditions Descartes et Cie, 2003

Communication : la nouvelle donne, Village Mondial, 2004

INTRODUCTION

L'entreprise ne peut pas ne pas communiquer. Comme tout organisme, par sa seule existence, elle émet un certain nombre de signes qui offrent une représentation d'elle-même. La communication d'entreprise est ainsi une discipline ancienne mais elle ne s'est professionnalisée que récemment. C'est au début des années 70 que les directions de la communication apparaissent dans les entreprises et que l'importance décisive des cibles et de leur interdépendance est prise en considération.

Si le client a toujours été reconnu comme cible première, d'autres interlocuteurs sont venus se greffer. Les pouvoirs publics et les élus, puisqu'ils représentent une faculté d'action sur le devenir de l'entreprise, ont incité celle-ci à mettre en place une communication adaptée, notamment au travers du lobbying. Les actionnaires, banques, fonds de pension… attentifs à toute information ou rumeur concernant l'entreprise reçoivent désormais une communication particulièrement élaborée, la communication financière. Du riverain de l'installation au grand public, en passant par le journaliste ou le futur diplômé, chacun est devenu destinataire, en fonction de son statut, des techniques de la communication d'entreprise.

Ce cloisonnement des cibles est rapidement apparu comme l'enjeu d'une communication qui ne pouvait trouver son efficacité que dans sa globalité. L'objectif était de réduire les décalages entre les différents types de communication.

C'est la raison pour laquelle un service spécifique chargé de la cohérence de l'ensemble des discours a trouvé sa légitimité. Partant du constat que le premier porte-parole de l'entreprise était son président, les structures centrales de communication se sont vues fréquemment rattachées à la direction générale de l'entreprise.

Aujourd'hui la communication d'entreprise paraît être à un tournant. Reconnue comme un métier spécifique, avec ses formations adaptées, ses techniques souvent sophistiquées, elle doit affronter de nouvelles évolutions.

La communication est remise en cause, d'abord à l'extérieur de l'entreprise avec la multiplication des contestations sur le thème de l'altermondialisme ou sur les suspicions de manipulations, ensuite au sein même de l'entreprise avec les pouvoirs croissants de la direction financière ou de la direction des achats qui limitent les marges de manœuvre de la direction de la communication.

Autre évolution : la communication est un domaine où règne la transversalité. Là où nous pouvions encore, il y a une dizaine d'années, séparer les domaines de la communication d'entreprise en disciplines quasi autonomes, on s'aperçoit aujourd'hui que les frontières sont devenues poreuses. La communication corporate devient une communication financière, la communication B to B devient une communication institutionnelle et de nouveaux thèmes comme la communication sur le développement durable concernent tous les domaines et toutes les cibles de la communication de l'entreprise.

Après avoir réussi à intégrer, en l'espace de quelques années, la révolution des nouveaux outils électroniques de communication, l'entreprise doit affronter le défi de la reconquête de l'opinion et de la maîtrise des nouvelles évolutions.

Les trois premiers chapitres de cet ouvrage présentent successivement les trois grands axes de la communication externe : l'institutionnel, le produit et les relations publiques. Les trois chapitres suivants examinent la communication interne au travers de ses objectifs, de ses cibles et de ses outils.

CHAPITRE I

L'entreprise et son image : la communication institutionnelle

On peut définir la communication d'entreprise comme le processus d'écoute et d'émission de messages et de signes à destination de publics particuliers et visant l'amélioration de l'image, la promotion des produits et la défense de ses intérêts.

La communication d'entreprise est ainsi le domaine qui comprend la communication publicitaire, commerciale, communication d'influence (le lobbying), événementielle (salons et foires, mécénat – sponsors) et les relations publiques (relations presse, inaugurations, portes ouvertes...).

La communication d'organisation se veut plus large puisqu'elle s'intéresse également à la communication publique, ainsi qu'à celle du secteur associatif et ONG.

La communication institutionnelle est une composante de la communication globale. Elle vise à fournir une image forte de l'entreprise et à la positionner sur des valeurs susceptibles de lui fournir un avantage concurrentiel. Née dans les années 1920 aux États-Unis (Ford), rapidement introduite en France par Michelin, elle s'est aujourd'hui généralisée à l'ensemble des entreprises. L'intérêt pour une entreprise d'avoir une image solide et attrayante n'est aujourd'hui plus remis en question, et ce d'autant que l'on commence à pouvoir en chiffrer l'intérêt financier. Il est par exemple estimé (Interbrand/Business Week 2004) que la seule « image » de Coca-Cola équivaut à un actif de 67 milliards de dollars, celle de Microsoft à 61 milliards. Parallèlement aux publicités visant à améliorer son image, l'entreprise cherche à bénéficier d'une reconnaissance de sa signature derrière une accroche spécifique. Il en est ainsi pour Renault « Créateur d'automobiles », le Crédit Agricole « L'imagination dans le bon sens » ou la SNCF « Donner au train des idées d'avance ».

Cette communication sur l'image de l'entreprise se décompose elle-même en plusieurs types de communication.

1. LES FORMES DE LA COMMUNICATION INSTITUTIONNELLE

1.1. La communication économique et financière

Elle est née avec l'obligation légale de diffusion d'informations financières ; les entreprises ont considérablement amélioré leur communication en ce domaine, sous la pression de contraintes externes, et notamment l'élargissement des milieux financiers en France durant les années 80.

Cette amélioration se constate au niveau des cibles et des outils.

1.1.1. Les cibles

Elles sont constituées des acteurs financiers ayant le pouvoir d'agir sur l'entreprise : fondés de pouvoirs, sociétés de bourse, réseau bancaire, prescripteurs, journalistes financiers, petits porteurs… Ces cibles ont deux caractéristiques : la versatilité et l'internationalisation.

1.1.1.1. La versatilité

La rapidité d'information est au cœur du système financier, des masses gigantesques de capitaux sont en jeu et pourront évoluer selon des orientations fort différentes. Un accident industriel fera chuter le cours de l'action, une prouesse technique lui fera atteindre son plus haut cours.

1.1.1.2. L'internationalisation

Avec l'interconnexion des places financières et la mobilité des capitaux, les entreprises ont dû intégrer dans leur fichier les coordonnées de centaines d'analystes financiers au niveau international. Comme le tiers de la capitalisation boursière provient des fonds de pension américains, il est important pour une entreprise d'intégrer cette dimension dans sa communication.

1.1.2. Les outils

Là où jadis un rapport d'activité ou une réunion annuelle étaient considérés comme suffisants, la panoplie des outils s'est considérablement diversifiée.

1.1.2.1. *Le rapport annuel*

Outil de base de la communication financière, il est passé depuis les décennies 70 d'une simple compilation d'éléments chiffrés à un document attractif, portant les messages de l'entreprise, traduit en plusieurs langues. Ces rapports sont fréquemment construits selon la logique de l'interlocuteur ; rapport intégral pour les interlocuteurs professionnels, plaquette d'information plus légère pour les petits porteurs. Il est à noter que la cible du rapport annuel s'est élargie. Elle concerne désormais autant la communication financière que les journalistes, le personnel de l'entreprise, les grandes écoles...

1.1.2.2. *La lettre aux actionnaires*

Elle a pour objectif de créer un lien régulier entre l'entreprise et ses actionnaires et ainsi d'obtenir une fidélité et une stabilité boursière. La lettre, fréquemment adressée sous forme électronique, apportera régulièrement toutes les informations en provenance de l'entreprise et ceci sans le filtre, et donc l'interprétation, des médias financiers.

1.1.2.3. *Les annonces légales*

Les sociétés cotées en bourse sont assujetties à de nombreuses règles en matière de publication de résultats, de comptes et de chiffres d'affaires. Si la créativité y tient une place réduite, ces annonces, parallèlement aux chiffres transmis, diffusent également des messages sur la stratégie de l'entreprise et par là sur la confiance que tout actionnaire peut avoir envers le gouvernement de l'entreprise.

1.1.2.4. *Les assemblées d'actionnaires*

Rendez-vous annuel avec les actionnaires de présentation des comptes, celles-ci tendent à devenir un lieu de communication plus que d'information unilatérale. Échaudés par les discours convenus, et sous l'impulsion d'associations de petits porteurs, nombreux se sont organisés pour intervenir lors des assemblées et réclamer une transparence complète. De fait, celles-ci deviennent de réels lieux de dialogue et souvent de contestation, et une certaine presse financière décerne un prix aux meilleures assemblées générales, comme celle de BNP Paribas, premier prix en 2003.

1.1.2.5. Les opérations ponctuelles

Si la privatisation est l'exemple le plus connu de communication financière puisqu'elle concerne le grand public et donne lieu, en relation avec l'importance de l'enjeu, à une campagne publicitaire particulièrement élaborée (Air France, France Telecom, Saint-Gobain, CCF...), d'autres actions peuvent survenir au rang desquelles l'OPA tient un rôle croissant. L'offre publique d'achat est une opération d'acquisition d'une entreprise par l'achat de ses actions. Cette offre s'adresse donc aux actionnaires d'une autre société, à qui une entreprise propose à un prix concurrentiel de reprendre les parts détenues. Ici également, derrière les bénéfices à court terme ainsi escomptés, se dissimule une stratégie de confiance où l'image de l'entreprise est essentielle. Les OPA donnent fréquemment lieu à de nombreuses batailles médiatiques dans la presse économique et dans la presse d'informations générales à l'exemple des tentatives réussies de Total sur Elf, de Sanofi sur Aventis, ou d'Alcan sur Pechiney.

Parmi les opérations ponctuelles, l'introduction en bourse représente également un moment clé de la communication de l'entreprise. Un plan de communication spécifique doit être élaboré pour en asseoir la réussite : publicité, relations avec la presse, rencontres avec les prescripteurs...

Enfin, il est à noter que pour répondre au dynamisme de certaines bourses régionales et au besoin de dialogue de certains actionnaires, la pratique des *roads shows* s'est amplifiée. Elle consiste en une réunion d'information destinée aux actionnaires locaux et conduite par le président de l'entreprise. Ces rencontres locales peuvent être relayées ensuite par une communication dans la presse quotidienne régionale de manière à en amplifier les impacts.

1.2. La communication de crise

Sauf à restreindre à quelques éléments de définition, toute entreprise a été ou sera en crise. Définie comme une période mettant en péril la réputation et le devenir de l'entreprise, la crise traduit une croissance des incertitudes par l'ampleur d'un événement inattendu qui dérégule un fonctionnement. Impliquant des enjeux économiques, technologiques, managériaux... la crise peut également, selon son mode de gestion, représenter une opportunité de développement positive. La communication est au cœur du processus. Toutefois si certaines règles sont établies, trois principes clés doivent être respectés :

- *la méfiance envers la communication sur la communication :* une importante littérature est consacrée à quelques cas de communication de crise. Fréquemment rédigées par l'agence de relations publiques responsable du budget, les présentations sont alors unilatéralement positives et n'ont d'autres fins que de servir d'éléments marketing à ces agences. Le cas « Perrier » est caricatural de ce décalage entre une communication de crise présentée comme optimale par ses promoteurs et des résultats économiques à moyen terme particulièrement négatifs ;
- *la méfiance envers les recettes préétablies :* une solution ayant pu donner d'excellents résultats dans une entreprise peut, appliquée à une autre société, se révéler désastreuse ;
- *la méfiance envers les dogmes :* la communication de crise reste un domaine de recherche au croisement de plusieurs disciplines de sciences humaines. C'est ainsi que la question « Faut-il fournir, en crise, des informations précises, fiables, techniques ou au contraire, faut-il jouer sur l'affectif et l'émotionnel par des expressions imagées ? », pourtant essentielle, n'est absolument pas résolue et reste un point de désaccord entre les spécialistes du sujet.

1.2.1. Les modalités de la crise

La même crise ne peut se retrouver de façon similaire dans deux entreprises, elle dépend de facteurs endogènes et exogènes à chacune d'elles ; il est néanmoins possible de présenter quelques constantes.

1.2.1.1. Les caractéristiques

Plusieurs éléments se retrouvent, quel que soit le type de crise. Trois ont un impact sur la communication :

- la saturation immédiate des capacités de communication par l'afflux de demandes d'informations émanant de l'extérieur comme de l'intérieur de l'entreprise ;
- un décalage fort entre une demande d'informations immédiate et une incertitude des connaissances sur la situation : causes, conséquences ;
- le dérèglement du mode de fonctionnement ; les plans et les dispositifs habituels se révèlent inadaptés.

1.2.1.2. *Typologie*

La crise peut toucher n'importe quelle entreprise, même la plus préparée. Au sein même de l'entreprise ou du secteur d'activité, elle peut emprunter des formes bien différentes.

A. La crise économique ou financière

C'est la plus connue puisque la plus fréquente. Lorsque des entreprises comme Renault, Usinor ou Moulinex annoncent des fermetures d'usines, elles doivent s'attendre à de fortes réactions médiatiques. Cette crise qui peut emprunter des formes boursières (chute du cours de l'action) est parfois la conséquence de décisions des pouvoirs publics, soit directement dans le cadre de restructurations industrielles, soit indirectement quand elle est la conséquence de réglementations contraignantes.

B. La crise technique

Illustrée par des cas comme celui de Perrier en 1990 (détection de traces de benzène), de la Josacine en 1994 (traces supposées de cyanure), de Coca-Cola en 1999 (dyoxine), ainsi que par des produits soupçonnés d'induire des conséquences probables et à long terme sur la santé humaine (Bergasol en 1987, à propos de l'effet cancérigène des produits bronzants et plus récemment par le soupçon des mêmes effets des téléphones mobiles en raison des ondes électriques et magnétiques que ceux-ci dégageraient), la crise en ce domaine redoublera d'intensité si le public concerné éprouve le sentiment que la transparence n'est pas totale. Des affaires ayant impliqué les pouvoirs publics comme celle du sang contaminé, de la vache folle ou de l'amiante auront d'autant plus d'impact que l'impression d'une dissimulation de la vérité fut constante.

C. La crise écologique

D'autant plus médiatisée que l'opinion publique y est plus sensible, d'autant plus difficile à gérer que les conséquences sont généralement incertaines, la communication de crise s'exerce avec une fréquence liée aux évolutions technologiques et à leur complexité croissante. Ce type de crise a été illustré plus particulièrement par des entreprises à risque comme les entreprises pétrolières lors de marées noires restées célèbres (Torrey Canyon en 1967, Amoco Cadiz en 1978, Erika en 1999), des entreprises du secteur chimique (Bhopâl en 1984 : le gaz toxique qui s'est échappé de l'usine de pesticides d'Union Carbide a provoqué la mort de 3 000 personnes, Bâle en 1986 : 30 tonnes de produits chimiques du groupe Sandoz sont déversées dans le Rhin à la suite d'un incendie) et nucléaire (Three Mile Island en 1979 aux États-Unis, Tchernobyl en 1986).

Ce dernier événement illustre l'aspect quasi-planétaire qui touche la crise écologique et la communication qui doit y être associée. Dans ces deux derniers cas, force est de constater que la communication fut inexistante.

D. L'accident

À la suite d'événements fortement médiatisés comme le déraillement d'un train, le crash d'un avion ou le naufrage d'un navire, de nombreuses entreprises ont dû mettre en place des procédures de communication pour répondre aux demandes externes, tache complexe lorsque celles-ci émanent des familles des victimes.

E. La crise sociale

Les grandes grèves, notamment lorsqu'elles concernent les transports publics, montrent l'ampleur d'un phénomène capable de paralyser des pans entiers de l'économie. Ce type de crise nécessite de mettre en place des dispositifs d'information adaptés, notamment dans le secteur des transports, pour fournir au public un minimum de données : numéros verts, journaux électroniques, annonces sonores...

F. La corruption

Crise d'apparition récente pour un phénomène ancien, elle concerne toute entreprise (Générale ou Lyonnaise des Eaux), s'attache particulièrement à leurs dirigeants (Pierre Suard pour Alcatel, Serge Dassault...), se retrouve dans les milieux sportifs (affaire de l'OM) ainsi que dans les milieux associatifs (affaire de l'ARC). La communication est souvent délicate à gérer si elle comporte des aspects politiques (financement). Elle peut donner lieu à des redressements d'image à la suite de communication positive parfaitement ciblée.

1.2.2. L'organisation de la communication de crise

La crise ne pourra être surmontée sans une préparation qui repose sur le choix de la stratégie à mettre en œuvre et surtout sur une organisation en cellule de crise. La simulation de crises potentielles sera un gage d'efficacité en permettant de pallier les difficultés rencontrées tout en entretenant la mobilisation autour de leur occurrence.

1.2.2.1. *Organisation des stratégies*

Elles se répartissent en trois catégories.

- *La reconnaissance.* L'entreprise reconnaît sa responsabilité, elle assume les faits qui lui sont reprochés.
- *Le projet latéral.* Ce choix consiste à déplacer le lieu de débat afin de l'aborder sous un autre angle ou à communiquer sur le thème du complot.
- *Le refus.* Il s'agit ici de nier les faits, voire de se taire totalement. L'entreprise peut également invoquer son absence d'information « nous le savions pas » ou chercher un bouc émissaire dans ses salariés.

1.2.2.2. *Organisation de la communication*

La communication de crise doit s'opérer durant trois phases : avant, pendant et après la crise.

A. Avant la crise

S'il est un point sur lequel l'ensemble des professionnels s'accorde, c'est sur le fait que la communication de crise se gère avant l'émergence de la crise. Cela nécessite d'avoir mis en place une structure matérielle adaptée : réseau de télécommunications, QG central, simulation des accidents, désignation d'un porte-parole et média training adapté. Cette phase amont marque l'importance du capital d'image. Une entreprise qui sur le long terme cherchera à construire son image, à nouer des relations avec un grand nombre de journalistes, aura plus de facilité à gérer une crise qu'une entreprise n'ayant pas su développer ces images de confiance et de proximité.

Il est souvent opportun de constituer un réseau d'alliés potentiels externe à l'entreprise et ayant une crédibilité supérieure à celle-ci. Là où le chef d'entreprise sera *a priori* suspect de vouloir rassurer à tout prix, le représentant local d'une association de protection de l'environnement, d'une association de consommateurs ou le responsable d'un laboratoire scientifique indépendant auront plus de crédibilité pour porter les messages de l'entreprise.

B. Pendant la crise

Trois moyens sont décisifs :

• *parler le premier* puisque le premier interlocuteur remporte un avantage. L'entreprise sera déjà suspecte si le journaliste apprend par un tiers un fait grave la concernant ;

• *prendre ses responsabilités.* Sans qu'il s'agisse de se poser en victime expiatoire, la majorité des cas étudiés plaide en faveur d'un acte de reconnaissance de l'entreprise, c'est-à-dire d'un acte par lequel l'entreprise reconnaisse sa responsabilité ;

• *jouer la transparence.* Sans vouloir tout révéler, l'entreprise a intérêt à fournir le maximum d'informations aux médias. À défaut, ceux-ci se tourneront vers d'autres sources dans l'objectif de compléter le peu d'informations recueillies.

C. Après la crise

Cette phase est généralement niée. Heureuse d'avoir surmonté la crise, l'entreprise refoule son passif. La période postérieure à la crise est toutefois importante pour deux raisons. D'abord parce qu'elle est l'occasion d'un retour d'expérience afin d'analyser la gestion de la crise et de permettre une meilleure adaptation. Ensuite, parce que la crise peut être une excellente opportunité pour accélérer des restructurations, repositionner une image, reconquérir l'opinion.

1.3. La communication de recrutement

À l'heure où les entreprises ont surtout à faire face à un afflux de demandes d'emplois, l'intérêt d'une communication n'apparaît pas évident. Pourtant, le besoin de l'entreprise reste le même, il s'agit non pas de rechercher des candidats pour pourvoir des postes disponibles, mais de sélectionner les meilleurs. Sachant que les salaires d'embauche sont globalement semblables au niveau des grandes entreprises, l'image de l'entreprise apparaît comme un paramètre déterminant de la séduction qu'elle opère sur le jeune diplômé. En conséquence, moins généraliste et plus sélective, la communication de recrutement conserve toute sa pertinence.

La communication d'acceptabilité

Située entre la communication de crise et la communication environnement, la communication d'acceptabilité vise à convaincre une population d'accepter à proximité de son voisinage, un ouvrage ayant un impact environnemental lourd : usines chimiques, autoroutes, voies ferroviaires... Cette communication est particulièrement sensible, d'autant qu'elle se heurte au syndrome NIMBY : not in my back-yard (pas dans mon jardin). Pour qu'elle soit efficace, la communication d'acceptabilité doit être :

- le plus en amont possible : le choix doit être ouvert, rien n'est pire que le sentiment d'être mis devant un fait accompli ;
- participative : le public doit être associé à la décision ;
- transparente : l'information sur les nuisances doit aussi être réalisée ;
- relayée localement : l'entreprise doit trouver des relais pour porter ses messages ;
- humaine : il ne s'agit pas de convaincre par des envois de plaquettes, mais par une présence forte et un dialogue constant au plan local.

1.3.1. Les cibles

Il s'agit prioritairement d'attirer les meilleurs pour chaque catégorie de fonction. Chaque entreprise doit donc mettre en œuvre une communication adaptée afin que ceux-ci postulent dans l'entreprise et non chez le concurrent. Le jeune diplômé présentera d'abord sa candidature dans des entreprises de taille importante et à forte notoriété. Selon une étude *Figaro*/Sofres de 2004, Danone, Sony, Nestlé et Air France sont les entreprises préférées des étudiants en école de commerce alors que les futurs ingénieurs préféreraient travailler chez Renault, EDF et PSA. L'image globale reste très liée à la communication de recrutement puisque toute communication d'image se traduit par une augmentation des candidatures spontanées. Lorsque Rhône-Poulenc a lancé en 1989 sa campagne « Bienvenue dans un monde meilleur », le taux de candidats a doublé dans les six mois. Il a chuté de moitié chez Total au premier semestre 2000, c'est-à-dire dans les mois qui suivirent la marée noire déclenchée par le naufrage de l'Erika.

1.3.2. Les messages

Ce lien entre les deux communications se perçoit également au niveau des messages. Ceux-ci ont évolué d'une description de fonctions ou d'évolution de carrière à une démarche de prolongement de la communication institutionnelle vers la cible des jeunes diplômés. La spécificité de la communication de recrutement s'estompe au profit d'une déclinaison de messages généraux vers une cible bien définie. L'identité et les valeurs de l'entreprise prennent le pas sur l'offre d'emplois. C'est ainsi que les accroches des annonces sont souvent similaires à celles des publicités institutionnelles. La Société Générale propose aux jeunes diplômés « Conjuguons nos talents » et la RATP « Rejoignez-nous, l'esprit libre ».

1.3.3. Les moyens

Aux traditionnelles petites annonces a succédé une multitude de nouveaux moyens de contact entre recruteurs et diplômés. Les foires ou salons dans lesquels de nombreuses entreprises exposent leurs offres représentent un moyen très fréquent même si leur nombre tend à se réduire au profit de forums internes à l'école. Le sponsoring sportif est également largement utilisé pour détecter des candidats lors d'événements permettant une approche plus conviviale de l'étudiant. Le marketing direct est employé par certaines entreprises comme Unilever afin de détecter les étudiants à potentiel dans quelques grandes écoles commerciales. En matière de recrutement, la communication a suivi l'évolution des tendances institutionnelles et le hors média est devenu également majoritaire et la communication plus sélective.

Internet a révolutionné la communication de recrutement par un meilleur ciblage des candidatures et une forte interactivité. De nombreuses entreprises ont désormais des sites spécialisés pour le recrutement et offrent aux candidats la possibilité de recevoir des offres adaptées à leur profil. Le forum de discussion « news group » est très prisé car il permet à l'entreprise d'opérer une première sélection au travers de quelques questions visant à connaître la capacité d'expertise du candidat. Cette modalité est vraisemblablement destinée à s'amplifier.

1.4. Communication et développement durable

1.4.1. Historique

La communication autour du développement durable est issue de la rencontre entre la communication sociale et la communication environnementale. Ces communications, largement utilisées comme thème de communication dans les années 90, se sont retrouvées autour de préoccupations économiques basées sur la perception du non-renouvellement de certaines ressources naturelles et de la nécessaire interconnexion entre ces trois sphères de l'économie, du social et de l'environnemental. Le développement durable est défini comme le développement qui permet de satisfaire les besoins actuels sans compromettre celui des générations futures de répondre aux leurs. Relativement peu connu du grand public (seul un tiers des Français connaissent le terme – septembre 2004) le thème a pris une importance majeure auprès de nombreux publics, ONG, associations,…

1.4.2. Les composantes

La communication sur le développement durable exerce ses effets sur les deux grands domaines de la communication d'entreprise : l'image et le produit.

A. L'image

L'intégration du thème du développement durable dans l'image de l'entreprise répond à deux objectifs. Un objectif de renforcement de la réputation par la recherche d'une image de responsabilité, d'engagement, de proximité, d'ouverture. Les différents baromètres sur l'image des entreprises montrent ainsi régulièrement que les entreprises du haut de classement sont celles qui font du développement durable un axe majeur de leur communication : Danone, EDF… Le deuxième objectif est lié à l'idée de prévention : la mise en évidence d'engagements liés au social ou à l'environnement peut permettre d'éviter l'imposition de contraintes juridiques par les pouvoirs publics, elle peut également dissuader certains contestataires d'engager des actions offensives. Enfin, l'image « propre » permet à de nombreuses entreprises de bénéficier d'un réseau d'alliés lors de la conduite de projets de développement industriel, d'extension de bâtiments ou d'usines ou de construction d'infrastructures. Toutes choses égales par ailleurs, les riverains accepteraient plus facilement la construction d'une usine d'un producteur réputé propre plutôt que d'un pollueur notoire.

B. Le produit

Le thème du développement durable n'est pas, en dehors de certaines niches relativement réduites comme le commerce équitable, un argument majeur de vente. Il devrait toutefois rester à un niveau non négligeable pour deux motifs prioritaires...

• *un motif psychosociologique* mis en évidence par les études du Credoc ; en période de crise, l'aspect environnemental est un facteur de réassurance et de valorisation de soi lors de l'acquisition d'un produit ;

• *un motif concurrentiel.* Puisque la protection de l'environnement est légitime, elle permet à certains constructeurs maîtrisant un processus technologique d'en réclamer ensuite la généralisation à l'ensemble d'un secteur d'activité par des actions de lobbying adapté : la généralisation du pot catalytique est une parfaite illustration d'un lobbying européen de constructeurs automobiles allemands, maîtres d'une technologie, et bénéficiant ainsi d'un avantage concurrentiel non négligeable. *A contrario*, la revendication de paramètres environnement peut intervenir avec succès dans la mise en place de mesures protectionnistes. L'exemple de l'interdiction suisse de l'importation des bouteilles en PVC en apporte témoignage.

1.4.3. Les outils

Si la panoplie des outils ne présente guère de spécificité, son utilisation emprunte une démarche originale. De nature moins offensive et moins ostentatoire, la communication sur le développement durable ne peut afficher un coût trop important sous peine de générer une réaction hostile sur le thème de l'allocation des ressources. En ce domaine, l'action apparaîtra toujours prioritaire sur l'information.

Le mécénat à l'égard de l'environnement, au 6e rang sur 10 des actions de parrainage, présente deux attraits importants.

• *Il s'effectue sur la durée.* À la différence d'une opération qui se termine avec la fin de l'événement, le mécénat à l'égard du développement durable offre des opportunités de communication plus élargies : avant, pendant et après. Cette possibilité de capitalisation est une donnée forte. La réintroduction du bouquetin dans le parc du Mercantour permet au Crédit Agricole de pratiquer une opération de relations publiques basée sur le bilan annuel de la multiplication des animaux. Le reboisement de la montagne Sainte-Victoire procure aux Caisses d'Épargne le même type de bénéfice.

• *Il permet un dialogue entre deux mondes en méfiance.* La sphère des militants de l'écologie a longtemps vécu sur l'image d'une entreprise bouc émissaire et celle-ci caricaturait souvent le militant écologiste sous les traits du baba cool soixante-huitard. Le mécénat à l'égard du développement durable est une des rares passerelles entre ces deux communautés. Les associations ont souvent besoin de financement pour leurs nombreux projets et l'entreprise peut bénéficier de conseils pertinents dans le cadre de son management environnemental, voire de ses études d'impact.

1.4.4. La communication sociale

La communication sociale apparaît en réponse à de nouvelles préoccupations des publics de l'entreprise. Problème d'insertion des jeunes en difficulté ; questionnement éthique, action humanitaire… sur un ensemble de nouveaux sujets, l'entreprise est censée apporter un élément de réponse. Communication souvent discrète puisque 40 % des entreprises qui agissent concrètement sur ces thèmes n'envisagent pas de communication associée, elle permet aussi de mobiliser les salariés de l'entreprise autour de nouveaux défis. C'est ainsi qu'en créant une Fondation pour l'insertion et la solidarité, la Compagnie Générale des Eaux, rebaptisée « Vivendi » a souhaité que chaque parrainage s'effectue avec un salarié clairement identifié comme étant le responsable du projet d'insertion. Il en est de même pour le partenariat éducatif sous forme de soutien scolaire dans les faubourgs de Roubaix qui est réalisé par les salariés du groupe La Redoute. Le lien entre la communication externe et la communication interne est ici directement identifié.

Cette communication sociale, appelée également citoyenne ou de solidarité, ne saurait être ostentatoire sous peine d'entraîner un effet pervers qui accuserait les entreprises de n'agir dans cette voie que par intérêt publicitaire. Il peut également s'agir d'une croyance réelle aux devoirs sociaux de l'entreprise, comme chez Darty, pionnière dans les actions de solidarité et quasi totalement silencieuse sur le sujet.

De manière plus globale, il est intéressant de constater la progression du paramètre « éthique » dans les valeurs de la communication d'entreprise. Celle-ci se situe en troisième place, derrière la compétence et la culture d'entreprise, mais devant dix autres items. 55 % des entreprises intègrent désormais l'éthique dans les messages de leur communication d'entreprise, elles n'étaient que 45 % en 1995.

2. LES TECHNIQUES

Diffuser la meilleure image possible de leurs activités est une préoccupation légitime de la plupart des entreprises. Elles sont toutefois nombreuses à se doter des moyens nécessaires sans s'interroger préalablement sur le décalage éventuel entre l'identité de l'entreprise et la perception que celle-ci souhaite en offrir. La démarche du choix des outils est donc conditionnée par un préalable ; la connaissance de l'identité de l'entreprise.

2.1. La connaissance de l'identité de l'entreprise

Celle-ci repose sur deux volets. L'aspect matériel consiste à recenser l'ensemble des éléments quantitatifs de l'entreprise, ce que l'entreprise produit, son chiffre d'affaires, ses effectifs, ses activités à l'international... Le second aspect est qualitatif, il repose sur les traditions, le mode de management, la culture d'entreprise... La connaissance de ces données est un préalable indispensable à toute communication réussie, à défaut, celle-ci risquerait d'apparaître totalement désincarnée de la réalité de l'entreprise.

2.2. Le logo

Le logo est l'outil de communication le plus répandu. De la PME d'une dizaine de personnes à la multinationale, toutes les entreprises disposent aujourd'hui de leur identité visuelle, appelée logotype et plus couramment logo. Celui-ci est censé refléter les valeurs de l'entreprise et permettre au public et aux clients de l'identifier immédiatement. Composé généralement d'une illustration suivie de la dénomination de l'entreprise, voire plus simplement du nom stylisé de l'entreprise comme chez Coca-Cola, le logo traduit par sa signature et ses codes visuels les valeurs que souhaite véhiculer l'entreprise : le dynamisme, la force, la modernité.

Le logo le plus simple est souvent le plus efficace : le coquillage de Shell, l'écureuil des caisses d'épargne, le bibendum de Michelin, l'étoile du Crédit du Nord. Cela ne les empêche pas de vieillir et la plupart des identités visuelles doivent régulièrement subir des retouches afin de s'adapter aux évolutions de l'entreprise et de sa représentation, ils peuvent aussi être entièrement modifiés pour signifier une rupture ou être la conséquence d'une fusion entre entreprises (Elf et Total, BNP et Paribas…).

C'est pour cette raison qu'EDF en 1986 a supprimé son ancien logo constitué d'un éclair pour le remplacer par la seule dénomination de l'entreprise au sein d'un espace de couleurs plus chaleureux et plus dynamique. L'objectif était double, l'image de la foudre qui pouvait symboliser la puissance électrique lors de la reconstruction d'après-guerre était désormais perçue comme un danger potentiel d'électrocution. Par ailleurs, elle réduisait l'ensemble des métiers de l'entreprise à l'époque où celle-ci envisageait de se diversifier dans une panoplie plus vaste d'activités.

Les dix qualités d'un bon logo

Pour être efficace, le logo doit être :

- visible, et donc utilisé sur l'ensemble des outils de communication ;
- compréhensible, ce qui sous-entend une relative simplicité ;
- mémorisable, de manière à ce que le public s'en souvienne ;
- durable et par conséquent évoluable ;
- attribuable, afin de le différencier de la concurrence ;
- valorisant pour l'entreprise ;
- cohérent avec l'ensemble des signes et du code de la communication de l'entreprise ;
- exportable dans d'autres pays ;
- non détournable par des opposants ou des concurrents ;
- déclinable selon les diverses activités de l'entreprise.

La création d'un logo peut aussi être la conséquence d'une fusion de deux entreprises. Il en fut ainsi lors de la fusion des entreprises chimiques Ciba et Sandoz sous la dénomination de Novartis, du Crédit Communal de Belgique et du Crédit Local de France qui s'appellent désormais Dexia et de la Compagnie Financière de Suez et de la Lyonnaise des Eaux qui forment désormais le groupe Suez.

2.3. L'accroche

Si le logo possède une efficacité intrinsèque, celle-ci est souvent renforcée par la présence d'une accroche dont l'objectif est de souligner le visuel en l'accompagnant par un message. Si le logo est purement visuel (graphisme, illustration), l'accroche comprendra automatiquement la dénomination de l'entreprise, alors que dans le cas le plus fréquent où le logo intègre le nom de l'entreprise, l'accroche pourra ne comporter qu'un message sans répétition de la dénomination.

Dans tous les cas, l'objectif de l'accroche est d'acquérir une existence autonome, de pouvoir être reconnue immédiatement comme par réflexe. 20 années après sa suppression, « C'est possible » reste l'apanage de la SNCF. De même, « Des hommes qui relient les hommes » celui de France Telecom. La caractéristique d'une bonne accroche est de permettre une attribution immédiate à l'entreprise émettrice.

Comme en matière de logo, l'accroche nécessite quelques qualités essentielles. Elle doit être :

- *aisément mémorisable* : « AGF avec vous », « Et hop ! Prisunic », « N° 1 oblige », « Just do it »… ;
- *représentative de l'entreprise* : la représentativité ne signifie pas la simple évocation de l'entreprise : « Kodak, toujours un déclic d'avance », « Renault, créateur d'automobiles », « EDF, quand votre monde s'éclaire ». Elle peut également représenter une valeur de différenciation : « Auchan, la vie, la vraie », « Carrefour, je positive » ;
- *durable* ;
- *lisible*, ce qui renvoie au choix de la typographie. IBM utilise ainsi un lettrage « Bodoni » sous la justification que les courbes employées humanisent l'image de froideur technique.

Les premières accroches étaient prioritairement destinées à être des affirmations de puissance et des déclarations de souveraineté. Les termes utilisaient des notions de leadership « Le premier groupe mondial », « La première entreprise de services ». Les évolutions actuelles tendent vers davantage de relationnel « Bienvenue dans un monde meilleur », « Notre ambition vous satisfaire », « Pour vous nous remuons le ciel et la terre ». L'accroche tend vers davantage de communication, d'interaction, voire de dialogue avec le client. La fréquence d'utilisation de la première personne du pluriel exprime également un continuum de communication externe-interne puisque le « nous » englobe plus directement l'ensemble des salariés de l'entreprise. Il possède une vertu mobilisatrice en interne. Par ailleurs, le jeu sur la relation nous/vous humanise directement l'entreprise autour d'un message : « Pour vous notre énergie est inépuisable » (Total). Constante dans la communication des entreprises durant les années 90, cette tendance vers davantage de proximité est depuis le début des années 2000, progressivement supplantée par l'apposition de messages éthiques souvent liés au développement durable ou porteurs de valeurs : « Construire un monde durable », « Donner au monde l'énergie d'être meilleur »...

2.4. L'esthétique industrielle

En partant du principe que tout est communication, il est possible de considérer que les messages émis ne se limitent pas aux actions délibérément planifiées. Le type de matériaux utilisés pour la construction d'une usine, le design d'un bâtiment, l'architecture des sièges sociaux révèlent une identité et communiquent un message. Les sociétés occidentales sont entrées dans l'ère de ce qui est dénommé depuis 1979 le postmodernisme. L'attention est davantage portée sur des notions de qualité de vie, d'invention environnementale, de confort. Cette évolution se traduit architecturalement par l'utilisation de lignes courbes, de volume plus réduit, de recours à des matériaux moins ostentatoires.

Les bâtiments et ouvrages industriels ne sont pas réductibles à leur fonctionnalité, ils communiquent une valeur. Lorsque le groupe Bouygues a construit son nouveau siège social dénommé Challenger à Saint-Quentin-en-Yvelines, il s'agissait certes de regrouper en un même lieu l'ensemble des entités du groupe, mais aussi et surtout de devenir la vitrine des réalisations potentielles. Le message était simple : procurer une image de puissance, de dynamisme et de modernité dans un cadre verdoyant.

Il en est de même pour le siège de Dexia ex. Crédit Local de France. La tour construite sur les quais de Seine à Paris dans le 15e arrondissement, par l'utilisation quasi exclusive du verre, délivre un message de transparence pour une activité de prêt aux collectivités locales qui pourrait apparaître bien opaque.

Les signes concernent l'ensemble des activités de l'entreprise ayant une visibilité sociale. Les pylônes électriques qui illustraient jusque vers la fin des années 70 l'image du progrès et de l'industrialisation portent aujourd'hui une image négative. L'objet n'a pas changé, sa perception est modifiée. Pour signifier la modernité, François Mitterrand pose sur son affiche pour les élections présidentielles de 1965 devant un pylône à 400 000 volts. En 1981, l'affiche de la Force Tranquille montre un village où aucun fil électrique ne dépasse. Ceci amènera la direction de la communication d'Électricité de France à lancer un appel d'offres international pour créer les pylônes du 3e millénaire, aux

Conseil d'un directeur de communication

Thierry Lentz,
Enseignant en communication, Paris-IV

À un étudiant en communication, je dirai qu'il ne doit pas se contenter de bien connaître les outils de son métier et ne penser son activité qu'au travers des produits, concepts et autres plans de communication qu'il sera appelé à suivre ou à créer. Il doit d'abord être à l'écoute du monde dans lequel il vit et notamment des activités en apparence éloignées de celles de son entreprise (actualité, culture, mouvements d'idées, modes…). Le professionnel de la communication est parfois le seul à regarder par la fenêtre de l'entreprise ce qui se passe au-dehors. Il doit vivre dans son temps. Ainsi, lorsqu'il devra préparer le plan de communication d'une nouvelle filiale étrangère, qu'il commence par passer une demi-journée à se promener dans les rues pour y humer l'ambiance, regarder comment les gens marchent et s'habillent, ce qu'ils lisent et ce qu'on leur fait lire. Communiquer, n'est-ce pas aussi transcrire les mots de l'entreprise dans le langage de la vie ?

formes plus stylisées et plus fines. Ceux-ci ne seront vraisemblablement pas mieux acceptés par les riverains ou propriétaires concernés, leur principal objectif est ailleurs : véhiculer un message plus conforme à un positionnement des valeurs de l'entreprise.

CHAPITRE II

La communication et ses produits : le marketing

Il est usuel d'opérer une distinction entre la communication institutionnelle dont l'objectif serait de fournir une image de l'entreprise et la communication produit, appelée aussi commerciale, qui n'aurait qu'un objectif : vendre. Cette distinction doit pourtant être nuancée. La construction de l'image n'est pas en soi un objectif, elle ne trouve un intérêt que si elle s'accompagne de la commercialisation de ses produits. À l'inverse, la communication produit exerce également ses effets en amont puisque l'image de produit consommé rejaillit inexorablement sur l'image de l'entreprise. L'acquisition d'une automobile par exemple peut s'opérer prioritairement sur la réputation de l'entreprise, donc par la communication institutionnelle, et cela même si l'acte déclencheur provient d'une communication produit. Concrètement, et au sein d'une même catégorie de véhicules, vous choisissez d'abord un constructeur (Renault) avant le modèle (Clio par exemple).

1. LA COMMUNICATION AU SERVICE DE LA VENTE

Quelques définitions sont nécessaires.

1.1. La communication publicitaire

La publicité n'est pas l'apanage de la communication produit, mais elle en est le moyen le plus usité. Une campagne publicitaire s'élabore en deux temps. L'annonceur (l'entreprise) remet un brief à l'agence, c'est-à-dire un descriptif de l'entreprise, du produit et du problème posé, notamment en termes de prise de part de marché à la concurrence. En réponse, l'agence remet une copy strategy qui comprend cinq étapes reproduites dans l'encadré suivant :

La copy strategy

Document de référence en matière de création publicitaire, la copy strategy a pour objet de présenter le travail de l'agence à l'annonceur. Elle se présente en cinq étapes :
- le problème posé : synthèse du brief remis par l'annonceur ;
- la cible visée : à qui s'adresse-t-on ? ;
- la promesse : ce qui motivera l'acte d'achat ;
- la justification : en quoi les caractéristiques du produit répondent-elles à la promesse ? ;
- le message : quel en est le thème, l'axe, la tonalité ?

Il est également d'usage de distinguer la communication publicitaire *stricto sensu* de la communication dite hors média. Contrairement à la première, la communication hors média n'utilise pas les supports médiatiques classiques (affiche, presse écrite ou audiovisuelle) mais d'autres canaux de promotion du produit comme le marketing direct, la PLV, voire le sponsoring.

Pour la première fois en 1997, le ratio média-hors média s'est inversé au profit de ce dernier. En 2004, 63 % des dépenses publicitaires s'effectuent en France par l'utilisation du hors média. Les secteurs qui investissent le plus en communication sont ceux de la distribution, de l'alimentation et des transports. Les premiers annonceurs sont Danone, Renault, Nestlé, Carrefour et Leclerc.

1.2. La communication de marque

Entre la communication institutionnelle et la communication produit, la communication de marque constitue la signature d'un ensemble de produits communs de l'entreprise. La Classe A est une marque tout comme Ariel ou Maison Verte dans les détergents, Yoplait dans l'alimentation ou Elsève dans les cosmétiques. Chacune de ces marques appartient à une entreprise de référence (Mercedes, Unilever, Reckitt et Coleman, Danone, L'Oréal respectivement).

L'objectif d'une communication de marque est d'opérer sur un territoire, le territoire de la marque, afin de positionner une gamme de produits et donc de la différencier de la concurrence. Elle est prioritairement sur un registre symbolique d'identification qui permet, en dehors de toutes caractéristiques propres aux produits, de différencier un produit Nestlé d'un lait Candia, le café Maxwell du Jacques Vabre et les eaux d'Evian de Contrex.

1.3. La communication produit

La communication produit est donc le type de communication le plus fin, puisque totalement centré sur un produit. Elle est le prolongement direct des études marketing menées par les services commerciaux. Elle constitue également la modalité la plus ancienne de la communication d'entreprise puisqu'elle apparaît pour la première fois en 1831 dans *La Gazette de France*, journal lancé par Théophraste Renaudot. Elle se caractérise par quelques règles marketing dont la plus célèbre est celle de l'USP, unique selling proposition. Il s'agit ici de ne pas multiplier les messages et de faire reposer la promesse sur une caractéristique et une seule. Le produit doit être associé à une caractéristique, à défaut le message se brouille pour l'acheteur potentiel.

Cette communication a connu trois grandes époques. Une première phase était marquée principalement par la mise en évidence des caractéristiques du produit et par l'effet de répétition « Du bon, du bon, dubonnet ». « Du pain, du vin, du boursin ». De grands illustrateurs comme Savignac illustrèrent des campagnes basées sur ce qui était appelé non péjorativement la réclame. Une seconde époque qui date de l'explosion audiovisuelle des années 70 tente de projeter un univers pouvant être en décalage complet avec le produit. L'idée centrale était de conférer des qualités d'un cadre de référence imaginaire au produit considéré. Cette phase a été axée principalement autour d'une starisation du produit, notamment avec quelques campagnes où l'on voyait une Citroën décoller d'un porte-avions, tomber à la mer et refaire surface à l'avant d'un sous-marin. Cette campagne pour la Citroën Visa menée par Jacques Séguéla symbolise ce que ce dernier appelait « La Star Strategy ».

L'époque actuelle depuis le début des années 90 se traduit par un recentrage sur le produit et ses caractéristiques. Elle s'explique par une réduction drastique des dépenses publicitaires et par la perception des limites de la star strategy. Les campagnes actuelles sont marquées par des budgets plus limités, une mise en évidence du produit et du bénéfice concret que celui-ci apporte au consommateur, enfin par un discours de connivence fréquemment à tonalité humoristique.

1.4. La communication business to business

Ce type de communication appelé couramment par ses abréviations (B to B) se définit d'abord par ses cibles spécifiques et par l'exclusion du grand public. Cette communication, très majoritairement de type produit, vise donc des cibles professionnelles. La communication médicale en forme une branche importante. Sachant que la publicité médicale est interdite en direction du grand public, les laboratoires pharmaceutiques visent une cible intermédiaire de prescripteurs, en l'occurrence les médecins.

Cette communication de professionnels à professionnels s'applique aussi bien à la communication des grandes entreprises vers les PME et inversement, qu'à celle des entreprises de phytosanitaires vers la population des agriculteurs.

Étant très ciblée, elle utilisera moins les grands médias classiques (télévision, affichage) mais se concentrera sur certains canaux plus sélectifs : mailings, stands lors de salons professionnels… Cette tendance générale n'exclut pas la diffusion globale (publicité télévisuelle), notamment lorsqu'il s'agit de créer une notoriété ou lorsque le passage télé s'effectue en accompagnement d'une émission économique ou financière. Dans ce dernier cas, même sur un média de masse, l'annonceur peut sélectionner une cible spécifique.

On remarquera aussi la plus grande faiblesse créative de la communication B to B et une utilisation de messages centrés sur quelques qualités du produit : la technologie et la solidité pour l'essentiel.

2. LES TECHNIQUES UTILISÉES

En parallèle aux techniques publicitaires classiques, la communication au service de la vente emprunte trois types de techniques : le marketing direct, le marketing promotionnel et la publicité sur le lieu de vente.

2.1. Le marketing direct

Représentant un tiers des investissements publicitaires français, le marketing direct vise à établir une liaison personnalisée et interactive avec un client potentiel en vue de déclencher un acte d'achat. Il emprunte quatre formes :
- *le mailing* qui consiste à s'adresser directement par courrier au domicile du client afin de lui proposer un produit avec un service. Selon différentes études, le mailing, qui constitue la principale technique du marketing direct, apparaît très efficace. 98 % des Français déclarent lire le courrier publicitaire lorsqu'il leur est adressé nominativement et plus de la moitié d'entre eux procèdent même à une relecture ;
- *le phoning*, appelé aussi marketing téléphonique, qui consiste à appeler la personne à son domicile ;
- *le couponning,* qui consiste généralement en une offre promotionnelle que le prospect (client potentiel) peut acquérir gratuitement par le renvoi d'un coupon-réponse. Celui-ci peut se trouver soit sur l'emballage du produit (coupon de remboursement par exemple), soit sur un courrier reçu à domicile. L'intérêt du couponning pour l'entreprise est de pouvoir obtenir un fichier précis de ses clients potentiellement intéressés par une relation durable ;
- *les nouvelles techniques*

Le marketing direct devrait continuer sa progression avec le développement de l'informatique et des télécommunications. L'envoi de messages électroniques à visée commerciale, et notamment dans le cadre du géo-marketing, permet de parfaitement cibler son interlocuteur. En fonction de ses déplacements, chaque individu peut recevoir sur son téléphone portable les offres commerciales les plus proches de sa localisation. Parmi les techniques en développement figurent également le buzz-marketing (ou marketing viral) qui consiste à émettre des rumeurs positives autour du produit, le street marketing qui s'effectue par des opérations dans la rue, souvent à base de distribution de produits, le bro-in qui consiste à offrir des produits à certains individus repérés comme leaders dans leur quartier afin de créer un effet d'entraînement. L'imagination des hommes de marketing est infinie…

2.2. Le marketing promotionnel

Utilisé à hauteur du quart des dépenses directement publicitaires des entreprises françaises (hors média), le marketing promotionnel s'exerce également sur le lieu de vente, sur l'emballage (packaging), sur le produit. Dans ces cas, il s'opère par l'intermédiaire du distributeur. Il s'applique principalement aux produits nouveaux qu'il s'agit de lancer par une offre qui constituera un déclic pour d'éventuels achats ultérieurs. (Le premier CD de la collection coûtera 1,90 €, le second 9,90 € et les suivants 19,90 €.) Il concerne prioritairement les produits à rotation rapide (fréquence d'acquisition, prix peu élevé). Le marketing promotionnel se décompose en trois domaines.

• *La réduction de prix*. La méthode est efficace en lancement de produit dans l'optique de création d'une habitude, elle comporte toutefois un risque de dévalorisation de l'image (ce qui est bon marché est de moindre qualité) et de perte de parts de marché lors du retour au prix normal.

• *Les primes*. Elles consistent à offrir soit à prix inchangé une quantité supérieure : 3 bouteilles pour le prix de 2, 10 % de produit en plus… soit un cadeau remis immédiatement : une bouteille de bière offerte pour l'acquisition d'une bouteille de Picon, un autocollant dans une boîte de fromage, un gadget dans une boîte de lessive, un CD dans une revue musicale…

• *Les jeux et les concours.* L'attrait pour les jeux de hasard et la facilité miroitante d'un argent aléatoirement gagné exercent une fascination sur les jeux et concours organisés par quelques entreprises. Toutefois leur qualité et la médiatisation de nombreux abus, alliés fréquemment à quelque expérience personnelle ont réduit leur intérêt. Les jeux et concours où l'on vous assurait d'être le grand gagnant sont aujourd'hui interdits et une étroite réglementation s'exerce désormais : publication du règlement, liste des prix, contrôle par huissier.

2.3. La publicité sur le lieu de vente

Dernière étape avant l'achat, la PLV a pour objectif de déclencher l'acte d'achat sur le lieu de vente. Elle s'adresse aux consommateurs indécis ou curieux, ceux qui n'ont probablement pas fait une liste de l'ensemble des produits à acquérir. Elle comporte quatre volets : la PLV *stricto sensu*, le merchandising, le design et le packaging.

• *La PLV stricto sensu* concerne les barquettes de présentation, les panneaux de tête de gondole (avant d'un rayonnage), les présentoirs et autres affichettes vantant les mérites d'un produit.

• *Le merchandising* regroupe l'ensemble des techniques visant une valorisation du produit par sa localisation. Celles-ci se basent sur le constat que, toutes choses égales par ailleurs, la disposition d'un produit possède une incidence de 30 à 40 % sur la vente finale. Le linéaire (rayonnage) du milieu est le plus accessible et aussi le plus recherché. Celui du bas implique un effort du consommateur, ceux du haut sont parfois inaccessibles. Les produits pour enfants seront plutôt placés vers le bas lorsqu'ils peuvent avoir une action de prescription, les produits les plus lourds (lessives) seront également plutôt placés vers le bas où ils seront ainsi plus faciles à saisir. Le merchandising a donné lieu à un nombre considérable d'enquêtes pilotes pour des chercheurs en sociologie et en psychologie du comportement.

• *Le design* concerne l'esthétique du produit, c'est un vecteur important de la communication du produit. Elle est même essentielle pour certains secteurs d'activité où contenant et contenu sont étroitement imbriqués. La forme d'une automobile ou celle d'un parfum en fournissent une illustration, dans le premier cas, parce qu'il est impossible de différencier le contenant du contenu, dans le second parce que la visualisation du flacon conditionne fortement la première impression et parce que le coût de ce dernier est parfois supérieur aux substances internes. Pour être efficace, un bon design produit doit réunir trois éléments :
– l'attirance : la séduction du consommateur,
– la rentabilité : le rapport coût-avantage notamment en termes de volume et de merchandising (facilité de stockage par exemple),
– la cohérence : la relation avec l'image de l'entreprise et avec le contenu du produit.

• *Le packaging* (l'emballage), à l'instar du design produit, traite d'un ensemble de données, la forme, la charte graphique, les couleurs, la composition des matériaux utilisés, qu'il organise en vue d'une attirance visuelle. Porteur d'éléments de référence de la marque ou de l'entreprise, véhicule d'informations réglementaires sur la composition du produit, voire sur le produit lui-même (recyclabilité, paiement de la taxe éco-emballage…). L'emballage offre derrière l'appellation du produit un univers destiné à séduire le consommateur en ultime point de contact. Il est à signaler qu'après une période marquée par un packaging de plus en plus élaboré, la vague écologique du début des années 90 a inversé la démarche qui tend aujourd'hui à simplifier l'emballage, voire à le supprimer au bénéfice de produits rechargeables. Les Anglo-Saxons furent pionniers en la matière (Body Shop).

Cinq conseils aux étudiants

Nicole d'Almeida
Responsable des formations 2e et 3e cycles au CELSA
Université Paris IV

1. **Écoutez**

Observez, recueillez tous les éléments nécessaires à la compréhension d'une situation. Pas d'a priori, mais une action menée sur la base d'un diagnostic fin. Ne pas chercher à aller trop vite, réfléchir avant d'agir.

2. **Discutez**

Une idée géniale ne sort pas de la cuisse de Jupiter (de votre cerveau) mais de la discussion, de la confrontation de points de vue qui permet de tamiser vos projets et de retenir celui qui sera le plus réalisable ou le plus adapté, ne travaillez donc pas seul.

3. **Construisez**

Ne travaillez pas par à coups ou par coups mais selon une logique d'ensemble, un plan d'action global inscrit dans un certain temps, dans une certaine continuité. Les strass et les paillettes, les « happenings » sont derrière nous. Avis aux nostalgiques.

4. **Évaluez**

Déterminez vos objectifs et les moyens de les réaliser, assurez-vous régulièrement de l'état d'avancement de votre plan de communication et réajustez en fonction des difficultés ou imprévus rencontrés.

5. **Soyez mobiles**

Mobilité intellectuelle : comprendre la complexité d'une situation, passer d'un problème à un autre, d'un interlocuteur (ou public) à un autre sans effort.

Mobilité professionnelle : ne vous cantonnez pas à un poste ou à une entreprise pour la vie. Rebondissez tous les trois ou quatre ans.

Mobilité géographique : ayez (ou apprenez) le réflexe de la valise bouclée en un clin d'œil qui vous portera vers des horizons lointains.

CHAPITRE III

L'entreprise et ses publics : les relations publiques

Définies par Jean-Pierre Beaudouin comme l'établissement et l'entretien de relations efficaces avec des publics utiles, les relations publiques se distinguent de la communication institutionnelle par l'interaction recherchée avec le public cible. Davantage perçues comme une volonté d'échange et de dialogue, elles se conçoivent fréquemment sur le modèle d'une communication de proximité. La première opération de relations publiques date de 1870 à l'occasion du voyage inaugural du Pacific Railroad consécutif à l'ouverture de la ligne ferroviaire New York-San Francisco. Les relations publiques se développent ensuite rapidement. Les étapes majeures du développement sont :

1889 : premier service de communication en entreprise, Westinghouse
1906 : création du premier cabinet conseil en communication, Yvy Lee
1920 : première communication institutionnelle, Ford
1923 : premier livre de communication *Crystallizing public opinion*, Edouard Bernays
1924 : premier cours universitaire de communication

Les cinq W d'Harold Laswell

Spécialiste américain de sociologie politique, Harold Laswell avait élaboré une grille d'analyse de communication largement reprise par la communication d'entreprise. Les 5 W sont : Who, What, What Channel, Whom, What effect.

Il est vrai que toute communication se retrouve dans ce schéma : qui, dit quoi, à qui, comment, avec quel effet ?

Deux autres paramètres sont souvent adjoints : dans quelles circonstances, dans quel but ?

1945 : création de la première agence française de relations publiques : « Relations »

1949 : fondation de l'Association internationale des relations publiques

Les premiers services de communication qui se créent dans les années 70 s'appellent des « services de relations publiques » et ce n'est que 10 ans plus tard qu'ils seront rebaptisés services puis directions de la communication.

Les relations publiques restent un domaine bien délimité. La flexibilité des opérations, le ciblage des actions, l'élasticité budgétaire, la diversité des manifestations, l'ensemble de ces composantes leur permettent d'envisager une pérennité. Ceci d'autant plus que leur efficacité peut désormais rigoureusement s'évaluer.

1. LES PUBLICS CIBLES

Notion de base de la communication d'entreprise, le concept de cible doit pourtant être utilisé avec précaution. « Objet servant de but pour le tir des armes de jet et des armes à feu » selon la première définition du dictionnaire Larousse, la cible reflète par son entrée dans le vocabulaire de la communication l'état d'esprit quasi militaire qui suivit en entreprise les années de propagande de la deuxième guerre mondiale.

Si le ciblage des actions et le classement de l'importance des cibles selon les enjeux de l'entreprise restent essentiels, il importe préalablement d'opérer un double recul :

• *sur les modalités de l'action :* l'opérateur des relations publiques préférera utiliser le terme d'interlocuteur. Il recherchera en effet un échange, une communication au sens étymologique, qui s'accommode mal des références aux théories mécanistes de la communication que sous-tend le concept de cible ;

• *sur la perméabilité :* sous couvert de rigueur technique, les entreprises ont souvent tendance à cloisonner étroitement leurs cibles au sein de catégories parfaitement étanches : chef d'entreprise, élu local, écologiste… La réalité est différente et les catégories sont moins hermétiques. Un interlocuteur peut se situer dans plusieurs cibles (élu et membre d'association, journaliste et riverain…), il s'étonnera alors de recevoir différents messages selon les rubriques d'appartenance. Cette perméabilité est d'autant plus importante lorsqu'elle s'appréhende en termes de styles de vie.

1.1. Les relations avec la presse

1.1.1. Le constat

1.1.1.1. Deux mondes en méfiance

Vue par le journaliste, l'entreprise ne transmet pas d'information objective. Insuffisamment adaptée au journal, l'information transmise est jugée incomplète, voire incompréhensible pour les 3/4 des journalistes. Au total, les journalistes sont moins de 30 % à faire confiance aux directions de la communication.

Le journaliste est souvent saturé d'informations, il aura peu de temps à consacrer à l'entreprise et devra donc aller à l'essentiel. Sa connaissance technique du sujet sera souvent limitée, notamment en région où les journalistes sont davantage polyvalents à l'inverse des rédactions de la presse nationale où le journaliste est rattaché à une rubrique fixe.

Vu par l'entreprise, le journaliste est perçu comme étant dans une temporalité différente. Homme du court terme et de l'actualité, instrument d'une concurrence économique entre médias, il est perçu comme une agression potentielle. L'entreprise critiquera la déformation des propos et le décalage entre la publication des faits négatifs (les trains qui déraillent) supérieure à l'actualité positive (les trains qui arrivent à l'heure).

Entreprise et média sont deux mondes dont la logique, les intérêts, les objectifs diffèrent. Deux mondes qui se méfient l'un de l'autre. Toutefois la nécessité de recourir à l'autre permet souvent une connaissance mutuelle capable de surmonter quelques obstacles, si tant est que certains principes soient respectés.

1.1.1.2. Les principes de l'efficacité

Pour être efficaces, les relations avec le journaliste doivent *s'analyser par rapport aux éléments suivants :*

- *le recensement.* L'étape première consiste à recenser l'ensemble des supports de presse concerné par l'activité de l'entreprise. Ainsi en région, il conviendra de ne pas se focaliser sur le grand quotidien régional alors qu'il existe parallèlement de nombreux supports localisés, quelques hebdomadaires, des lettres d'information économique et de nombreuses radios locales ;
- *la sélection des contacts.* Il s'agit ici de recenser au sein des supports de presse les noms des journalistes pouvant être en

relation avec l'activité de l'entreprise ; en moyenne 3 à 4 journalistes par support. Il est toujours préférable d'avoir une connaissance nominative du journaliste, ne serait-ce que pour l'envoi d'invitations ou de documents divers ;

- *le contact et l'anticipation*. La confiance est le terme clef des relations entreprise-médias. Elle ne pourra être gagnée qu'à la condition que l'entreprise ait pu obtenir des contacts réguliers, idéalement en dehors de toute actualité. Ceci permet au journaliste d'être bien informé de la réalité de l'entreprise et d'y avoir un interlocuteur parfaitement défini ;
- *le suivi*. Contacts informels et actions de relations presse doivent faire l'objet d'un suivi afin d'obtenir une mémoire des relations avec les médias. Ces tableaux de contact indiquent la nature de celui-ci (support, journaliste, date), le thème traité et la tonalité de l'article. Ils permettent à l'entreprise d'appréhender plus rapidement les médias utiles, les messages à faire passer, les corrections à apporter. Ils seront particulièrement utiles en cas de changement d'équipe au sein de l'entreprise.

L'angle

Notion de base du journalisme, l'angle est la manière de traiter une information. Afin qu'une information soit publiée, elle doit être accompagnée d'un traitement qui démontre son originalité. Cela pourra être le récit d'une histoire humaine de type anecdotique, celui d'une prouesse technique sans équivalent, une mise en évidence locale jouant sur le sentiment de fierté régionale, etc. Plusieurs angles sont possibles mais un seul doit s'appliquer pour chaque information. L'angle est à la relation presse ce que l'USP est au marketing.

1.1.2. Les techniques des relations avec la presse

La séparation des techniques orales et écrites est essentiellement d'ordre taxinomique et pédagogique. Dans les relations presse au quotidien, ces deux techniques s'interpénètrent, un moyen écrit peut être utilisé lors d'une rencontre, de même que celle-ci peut n'avoir pour but que la remise d'un document écrit.

1.1.2.1. Les moyens écrits

Ils sont essentiellement de deux ordres : le communiqué et le dossier de presse.

• *Le communiqué de presse,* qui est l'élément central des relations avec la presse, présente trois caractéristiques : il est court et ne saurait excéder deux pages ; il est informatif et a pour objectif de pouvoir être publié *in extenso* et sans modification par le journal ; il concerne un événement d'actualité ; à ce titre, il doit mettre en évidence la nouveauté de cet événement.

Le communiqué de presse se construit sur la base des éléments suivants :

– un titre informatif qui synthétise l'événement ;

– un chapeau composé de deux à trois phrases qui résume l'article à destination du lecteur pressé. Pour les communiqués très brefs (1/2 page), le chapeau est inutile ;

– le communiqué *stricto sensu.* L'information doit être apportée immédiatement dès le premier paragraphe. Le style doit être aussi neutre que possible et les superlatifs totalement bannis.

Le communiqué indiquera également le nom et les coordonnées du contact presse qui pourra apporter les renseignements complémentaires au journaliste.

Il pourra éventuellement mentionner de manière très lisible une date d'embargo. L'embargo est une technique de diffusion d'une information à la presse qui mentionne une date de publication. Elle permet d'adresser une information à un journaliste en lui demandant de ne pas la publier avant une date indiquée sur le communiqué. Elle ne s'emploie que lorsque des relations de confiance sont établies.

Les avantages du communiqué sont une totale souplesse. Le communiqué peut s'expédier par télécopie ou par messagerie électronique E-Mail. Il est d'un coût réduit et relativement rapide à rédiger. Sous réserve des quelques règles énoncées ci-dessus, il est efficace en ce sens qu'il est généralement repris intégralement, surtout par la presse quotidienne régionale. L'entreprise a donc une maîtrise forte de l'information publiée.

L'inconvénient principal réside dans le revers du succès, à savoir un nombre important de communiqués reçus. Un journal peut recevoir près d'une cinquantaine de communiqués par jour et la sélection est sévère. Ne sont publiés que les communiqués suffisamment accrocheurs pour retenir l'attention mais totalement dénués d'une tonalité laudative et publicitaire.

• *Le dossier de presse* est un document plus exhaustif que le communiqué. Il vise à apporter une information

aussi complète que possible sur un sujet. Ses caractéristiques sont :
– la présentation des informations. Le dossier de presse vise à fournir un support d'information global au journaliste à charge pour ce dernier de reprendre tel ou tel élément pour son article ;
– la densité des informations. Un dossier compte en moyenne entre 10 et 15 pages ; il s'accompagne fréquemment de photographies ;
– En dehors de situations d'importance majeure (crises, OPA...) un dossier de presse a pour fonction de constituer une référence pouvant être exploitée en dehors de toute actualité. Un dossier de presse accompagnant la présentation de résultats annuels sera fréquemment archivé à la documentation du journal en vue d'une reprise éventuelle ultérieure.

Un dossier de presse est constitué des éléments suivants :
– un communiqué de presse pour une utilisation immédiate ;
– un sommaire détaillé (7 à 8 titres) et paginé ;
– une série de fiches éclairant l'événement. Exemple, dans le cas d'une innovation, on inclura une fiche économique sur les retombées, une fiche technique expliquant en quoi il y a nouveauté, une fiche biographique si l'on souhaite valoriser la personnalité de l'inventeur, une fiche descriptive de l'entreprise ;
– quelques visuels d'accompagnement au cas où le journaliste souhaiterait illustrer l'article par une photographie ou un schéma.

Les fiches n'ont pas vocation à être reprises dans l'article, elles poursuivent un double objectif d'informer et de fournir une pluralité d'angles d'attaque pour l'écriture de l'article. C'est donc à la fois un avantage et un inconvénient en ce sens que l'émetteur sera parfois surpris du type d'information repris par le journaliste. La maîtrise du procédé est donc ici plus réduite.

Le média local sera plus intéressé par les retombées régionales de l'événement, la presse économique par les incidences financières. Le dossier de presse étant plus délicat à gérer, il est ici d'usage non contesté, contrairement au communiqué de presse, d'appuyer ses effets par une relance téléphonique.

Si les communiqués et les dossiers forment l'ossature des moyens écrits, quatre autres modalités sont à mentionner : l'article pré-rédigé, la lettre d'entreprise, le site Internet et les outils classiques.

Les outils des relations avec la presse

Par quels moyens communiquez-vous avec les journalistes ?

	Régulièrement
Communiqué	70 %
Conversation téléphonique	66 %
Dossier de presse	46 %
Interview	24 %
Déjeuner ou petit-déjeuner	22 %
Conférence de presse	19 %
Voyage de presse	7 %
Visite d'entreprise	6 %
Réunion de travail	1 %

Sources : Entreprises-Journalistes : Quelles relations ? Enquête Union des Annonceurs (UDA) , avril 1998.

• L'article pré-rédigé peut emprunter deux formes. Soit il est publié sous la signature de l'émetteur et s'apparente à une tribune libre clairement désignée comme telle, soit la signature n'apparaît pas. Dans ce cas, il peut s'agir ou bien d'un article qui s'apparente dans la forme à un communiqué de presse dont seule la longueur varierait, ou bien d'une pratique à la déontologie critiquable qui consiste à publier des articles d'entreprise en échange souvent tacite d'encart publicitaire. L'article pré-rédigé est ainsi conçu comme un publi-rédactionnel sans en avoir la dénomination légale. Plus une presse est spécialisée, plus ce risque s'accroît en raison de l'extrême dépendance entre le journal et un faible nombre d'annonceurs publicitaires.

• La lettre d'entreprise regroupe l'ensemble de la presse d'entreprise à diffusion externe. Son efficacité est limitée en raison d'un ciblage trop large et d'une actualité trop décalée.

Bien qu'elle puisse rarement intéresser un journaliste, elle fonctionne néanmoins comme un symbole d'ouverture de l'entreprise. Étant d'un coût nul, il est donc conseillé de mettre les médias sur le listing de diffusion tout en vérifiant lors d'un contact l'opportunité de les y maintenir.

• Le site Internet,

Non spécifique aux relations presse, le site Internet contiendra utilement une rubrique « presse » où les journalistes trouveront immédiatement les données clés concernant l'entreprise et son actualité, notamment au travers de mises en ligne des dossiers ou communiqués de presse. Lors des périodes d'intense actualité, la mise en ligne immédiate des informations permet de soulager le service de presse de nombreux appels.

• Les outils classiques, comme l'envoi d'un courrier, d'une note de synthèse, d'un rapport de travail, à condition que ceux-ci soient expurgés de tout considérant à usage concurrentiel, présentent l'avantage d'être clairement identifiés par le journaliste pour ce qu'ils sont, à savoir des outils professionnels. En ce sens, ils traduisent une confiance entre l'émetteur et le récepteur dans le cadre d'une relation qui ne réduit pas aux outils utilitaires à l'instar du communiqué ou du dossier de presse.

1.1.2.2. Les moyens oraux

Ils concernent principalement l'interview et la conférence de presse.

A. **L'interview** est la technique la plus redoutée en raison de l'interaction directe entre le média et l'entreprise. Elle peut emprunter trois formes différentes, selon qu'elle s'exerce pour un média écrit, pour la radio ou pour la télévision. Dans les deux premiers cas, la rencontre peut n'être pas physique et l'interview peut se réaliser par téléphone.

Les cinq règles de la préparation d'une interview sont :

• anticiper les messages. Dans une interview comme dans un communiqué de presse, le message doit être unique.

• Effectuer une simulation. Appelée média-training, elle consiste à se familiariser avec le jeu des questions réponses tout en affinant son argumentation.

• Se renseigner sur le support. Quelle est l'audience, la ligne éditoriale du journal, connaît-on le journaliste ?

• Cibler le porte-parole. Il est d'usage de considérer que le dirigeant de l'entreprise est son porte-parole naturel, à l'exception d'interviews sur un thème très spécifique ou lors de cas particuliers où son intervention doit s'effectuer en dernier recours (théorie des fusibles).

• Ne pas céder à l'urgence. Bien que la demande soit toujours présentée comme urgente, l'entreprise a intérêt à demeurer maître du jeu et à rejeter toute précipitation.

B. **La conférence de presse** organisée à l'initiative de l'entreprise, est une rencontre visant à diffuser au même moment le même type d'informations à un grand nombre de journalistes. Elle se compose généralement de trois parties : un exposé (30-60 mn), un jeu de questions réponses avec les journalistes (30-60 mn), un cocktail. Le rôle de ce dernier est triple, il sert tout à la fois à créer une ambiance renforçant la qualité des contacts informels, à préciser certains points lors de ces rencontres individuelles, et à faire patienter certains journalistes lorsque le dirigeant d'entreprise complète la conférence de presse par quelques interviews personnalisées.

Les règles de la conférence de presse reposent sur :

- *Une bonne préparation.* Excepté en période de crise, la conférence de presse peut se préparer longtemps à l'avance.
- *Une bonne répartition des rôles.* Le conférencier veillera à se faire accompagner de deux ou trois experts de son entreprise au cas où les questions deviendraient très techniques.
- *Une bonne organisation.* L'aspect matériel est ici fondamental. La salle doit être adaptée à la conférence. Isolée phoniquement du monde extérieur, elle ne doit pas être trop vaste surtout si le nombre de journalistes est réduit car trop de sièges vides créeraient une impression d'échec.
- *Un bon ciblage des participants.* Une conférence de presse s'évalue surtout sur deux critères : le noyau dur de la presse cible était-il présent ? les messages ont-ils été clairement identifiés et repris ?

C. Les techniques annexes

Elles concernent le déjeuner ou petit déjeuner de presse et le voyage de presse.

- Le déjeuner ou le petit-déjeuner de presse s'appréhende comme une conférence de presse mais en diffère sur deux points :

– le nombre de journalistes est limité, une dizaine au maximum afin de favoriser les contacts et échanges ;

– le cadre se veut informel, il s'agit ici de créer ou d'entretenir un réseau de journalistes privilégiés auxquels l'information pourra être divulguée en avant-première, éventuellement sous embargo.

- Discuté déontologiquement par certains journalistes qui y décèlent une tentative de récupération, le voyage de presse, à condition d'être parfaitement ciblé, présente l'avantage de nouer une relation sur la durée avec quelques journalistes et par là une connaissance mutuelle précieuse. L'entreprise évitera la politique d'invitation trop large et sélectionnera quelques journalistes privilégiés. L'organisation matérielle devra être parfaite afin d'éviter toute perte de temps.

La déontologie du responsable de communication

- *Publicité, édition, multimédias, relations publiques, communication événementielle :*

– Ne pas se mettre dans une situation susceptible de créer un conflit entre son intérêt personnel et celui de l'entreprise ou institution employeur, en particulier, ne pas travailler avec des prestataires avec lesquels le directeur de la communication aurait un lien financier direct ou indirect.
– Ne pas accepter d'offres (cadeau, voyage…) susceptibles d'influencer son comportement ou d'atténuer sa liberté de décision.
– Ne pas donner de cadeau disproportionné ou déconnecté de l'objet commercial.

- *Relation presse*

– Refuser les subventions déguisées en abonnements de soutien à la presse généraliste, économique ou financière.
– Ne pas se livrer à des « représailles » en cas d'article ou d'émission déplaisants.
– S'interdire de diffuser des informations fausses sur les concurrents dans les médias, ne pas mettre en cause des personnes.
– Ne pas mentir tout en se réservant le droit de se taire.
– Rectifier les inexactitudes, les erreurs.
– Ne pas créer ou instituer d'interférence entre les contacts rédactionnels ou publicitaires.

Les règles précédentes ont été édictées en novembre 1997 par l'association Entreprises et Médias.

2. LES RELATIONS AVEC LES PUBLICS DE L'ENTREPRISE

En dehors des relations avec la presse, la communication d'entreprise doit aussi viser de nombreuses cibles à l'exemple des élus, des acteurs administratifs et économiques, ou du monde associatif.

2.1. Les élus

Les élus locaux, de par leur fonction de représentants de l'intérêt général, sont des partenaires essentiels de l'entreprise.

2.1.1. Un pouvoir en extension

2.1.1.1. Un mouvement durable

Depuis la loi du 2 mars 1982 qui a initié en profondeur le mouvement de décentralisation en France, de nombreux textes sont apparus autour du même objectif : renforcer le pouvoir local. Si les attributions de l'élu en matière économique sont assez réduites, son pouvoir reste important, ne serait-ce que par la maîtrise du plan d'occupation des sols.

2.1.1.2. *Un professionnalisme croissant*

L'ampleur de ses nouvelles attributions exige de l'élu local une maîtrise technique des dossiers. À la faveur des renouvellements – un tiers des élus locaux sont renouvelés lors des élections municipales – une nouvelle génération d'élu local tend à apparaître. Celui-ci se positionne de plus en plus non comme un notable mais comme un réel manager de sa commune. Il est aidé dans cette voie par les 63 associations nationales d'élus locaux qui ont pour objectif de les représenter nationalement et de les aider dans leurs activités quotidiennes.

2.1.1.3. *Un monde hétérogène, des intérêts communs*

Le monde des élus locaux représente en France plus de 500 000 personnes ; conseillers municipaux, généraux ou régionaux. Leur diversité qui tient en partie de leur mandat, de leur formation, de la taille de la commune et des enjeux locaux, dissimule de nombreux points communs.

L'élu local est le seul représentant de l'intérêt général. Il en figure la cristallisation de par son élection, lui seul en est le garant.

L'élu local est volontaire, il a choisi librement cette occupation et, dans la majorité des cas, dans une perspective désintéressée. Cela explique une implication psychologique forte dans la mission.

Le goût des contacts humains est souvent nécessaire en raison du caractère fortement relationnel de la mission et de la recherche constante d'un soutien en vue de la prochaine élection.

2.1.2. Les relations entreprises-élus

2.1.2.1. *Des attentes différentes*

Elles sont marquées par l'ambivalence. L'entreprise attend de l'élu une aide pour son développement, l'élu recherchera ce qui peut favoriser sa réélection ou accroître son capital de sympathie. Les relations entre ces acteurs sont souvent délicates, chacun se contentant d'une information minimale, souvent appréhendée par l'entreprise sous l'angle de l'influence et du lobbying.

2.1.2.2. *Principes de communication avec les élus*

A. L'attitude

La première étape consiste à bien connaître l'interlocuteur, ses attentes, ses zones d'intérêt. Connaissant la spécificité de l'élu, l'entreprise devra chercher à favoriser l'augmentation de son capital de sympathie. Cela signifie que l'élu ne pourra jamais endosser directement la responsabilité de mesures impopulaires, voire même les relayer. L'entreprise qui décide un plan de licenciement ou une implantation à risque environnemental risque de trouver l'élu dans une communication conflictuelle, à moins d'une discussion préalable sur le partage des rôles.

B. Les techniques

Elles sont généralement de nature informelle : contact, veille stratégique... L'invitation des élus aux opérations de relations publiques doit être systématique : portes ouvertes, inaugurations, colloques. L'élu doit aussi être destinataire des publications de l'entreprise. Celle-ci veillera également à éviter de se focaliser sur quelques élus en observant également les oppositions locales, surtout si elles sont en phase ascendante, à défaut les lendemains d'élection risquent d'être parfois difficiles.

2.2. Les acteurs administratifs et économiques

2.2.1. *Les pouvoirs publics*

Représentés principalement par les services ministériels nationaux ou déconcentrés (DRIRE, DIREN...), les pouvoirs publics doivent faire l'objet d'une forte considération due à l'ampleur de leur pouvoir de tutelle, de contrôle ou de sanction. En ce domaine, les règles de communication gravitent autour de quelques principes :

- *l'anticipation :* les rencontres doivent s'effectuer en dehors de toute actualité, si possible dans le cadre de rencontres périodiques ;
- *le respect de l'interlocuteur :* l'ampleur du courrier reçu par les pouvoirs publics ainsi que leur activité nécessitent une information particulièrement adaptée. Plaquettes publicitaires ou journaux d'entreprises n'auront qu'un faible lectorat. La simple note de synthèse qui se présente comme un outil de travail et d'information aura souvent de meilleurs résultats pour un coût réduit.

2.2.2. Les organisations économiques

Constituées des Chambres de Commerce et d'Industrie, des unions patronales, des associations économiques, ces organisations représentent pour l'entreprise des alliés naturels. Pourtant, ces alliés sont fréquemment sous-utilisés, l'entreprise se concentrant prioritairement sur ses cibles directes, ses concurrents et adversaires potentiels.

Les organisations économiques représentent cependant de nombreux avantages.

• D'abord, dans le cadre d'une stratégie d'alliance, elles peuvent s'exprimer au nom de l'entreprise avec une crédibilité supérieure. Pour défendre un produit ou un projet, leur parole aura un écho plus important que celle de l'entreprise, toujours suspectée d'être juge et partie.

• Ensuite, elles peuvent permettre d'accroître l'audience d'une information d'entreprise. Via l'utilisation de supports d'information propres à ses organes (lettres d'information, bulletins internes...) mais aussi les participations aux forums, salons et colloques, l'entreprise peut valoriser ses activités par un discours non reconnu immédiatement comme publicitaire.

• Ceci suppose un investissement en temps requis pour intégrer ces différentes structures qui dépasse souvent les possibilités du chef d'entreprise et des communicants. L'entrisme le plus efficace est celui où une parfaite ventilation a pu s'opérer au sein des équipes de direction afin d'être présent dans la plupart de ces organisations reconnues comme stratégiques. Cela suppose une coordination, un suivi et un retour d'expérience afin que chacun puisse bénéficier dans l'entreprise des informations recueillies par un autre collègue.

2.3. Le milieu associatif

Estimées à plus de 750 000, les associations françaises représentent une force importante, même si celle-ci reste largement inférieure à celle d'autres pays occidentaux.

2.3.1. Les associations de consommateurs

L'association de consommateurs peut difficilement devenir l'alliée objective d'une entreprise. Néanmoins, elle peut faire preuve d'une neutralité bienveillante. Cette position permet à l'entreprise de se mettre à l'abri de campagnes de presse hostiles ou de menaces de boycott. Si les techniques traditionnelles des relations publiques sont ici efficaces (invitations, portes ouvertes...), il sera souvent plus utile de valoriser l'association en l'intégrant en amont d'une phase de résolution de problème. Elle pourra ainsi s'approprier le défi soulevé, apprécier l'attitude de l'entreprise qui la considère comme un expert et relayer ensuite l'information. La meilleure communication résulte souvent d'une action commune réalisée par deux interlocuteurs aux préoccupations divergentes.

2.3.2. Les associations environnementales

Les entreprises et les associations environnementales ont longtemps entretenu des relations conflictuelles. Cette réalité disparaît progressivement et l'entreprise découvre qu'au sein de quelques associations très militantes se profile une richesse de compétences dont elle pourrait avoir besoin. Cela suppose de la part de l'entreprise une relation dénuée d'ambiguïté pour éviter le sentiment de récupération. Le partenariat et le mécénat représentent une voie intéressante à condition d'éviter l'angle purement financier de la relation. Celui-ci peut favoriser le partenariat, il ne saurait le faire durer. La communication vers les associations doit rester discrète car toute dépense de communication risque d'apparaître comme un gaspillage au détriment d'actions concrètes de préservation de la nature. Elle doit aussi en permanence s'appuyer sur des réalisations, faute de quoi sa crédibilité risque fort d'être éphémère.

2.3.3. Les associations culturelles et sociales

Les relations avec les associations culturelles et sociales permettent à l'entreprise de devenir citoyenne. Le concept est certes galvaudé mais il traduit une tendance des entreprises à répondre à des préoccupations qui débordent de son champ traditionnel de compétences. Ces relations qui favorisent et améliorent l'insertion de l'entreprise au niveau local ou national nécessitent une grande prudence dans les moyens utilisés. Au niveau du terrain, ces impératifs de solidarité et d'emploi étant une forte préoccupation, l'entreprise qui s'y attachera pourra en bénéficier en termes de capital image. L'entrisme, c'est-à-dire la faculté d'intégrer des lieux ou des clubs comme le Rotary, les

Lyons, Kiwanis est aussi, et particulièrement en région, un moyen d'observation et de communication relationnelle non négligeable.

3. LES MOYENS

Les moyens des relations publiques se caractérisent par une proximité immédiate avec l'interlocuteur cible, ils se traduisent majoritairement par un contact direct entre l'émetteur et le récepteur.

3.1. Inaugurations et portes ouvertes

Ces manifestations s'effectuent à l'initiative de l'entreprise qui en maîtrise l'organisation. Dans cette relation bipolaire, le public est dit « captif » en ce sens qu'il n'est invité qu'en vue d'une opération d'une entreprise.

3.1.1. L'inauguration

Elle vise un double objectif : permettre un renforcement relationnel par le jeu des contacts opérés lors de l'événement, créer une occasion de communication grand public par une action de relations avec la presse, adaptée à l'événement.

L'inauguration se déroule lorsque l'entreprise souhaite mettre l'accent sur une nouveauté la concernant. Ce peut être une innovation liée au produit ou le plus fréquemment une extension de bâtiment, la fin d'un chantier, une nouvelle chaîne de production, la mise en service d'un outil industriel.

Pour qu'une inauguration soit réussie, les éléments suivants doivent être réunis.

• La politique d'invitation doit se réaliser soigneusement en fonction des résultats attendus et des cibles auxquelles l'entreprise souhaite s'adresser. Elle engendrerait le sentiment d'échec si elle était trop réduite, et elle nuirait à la valorisation des invités si elle était trop large. L'édition d'un carton d'invitation spécifique permet de formaliser l'opération, voire de la rendre plus attrayante. Toutefois, une simple note d'invitation peut procurer le même nombre de réponses positives. À noter qu'il est préférable d'indiquer la personnalité politique ou administrative locale comme première puissance invitante sur le carton. L'entreprise n'intervient qu'en dernière position.

• Les stands et les panneaux d'exposition doivent être en relation avec l'événement et être judicieusement disposés le long des zones de passage ou de dégustation lors du cocktail.

• Le cocktail est malgré sa réputation négative de mondanité, un lieu privilégié de contacts. Il est important de bien disposer les tables en différents endroits afin d'éviter les afflux de l'après-discours. La fonction du cocktail est de favoriser les dialogues informels, les bousculades dues à une mauvaise disposition des lieux nuiraient à cet objectif.

• Les discours doivent être brefs et énoncer clairement les messages essentiels. L'ordre des discours est peu décisif même s'il est d'usage que la personnalité la plus importante s'exprime en dernier. La sonorisation aura été vérifiée avant le commencement de la manifestation.

• L'accueil consiste d'abord à baliser les abords du lieu de manière à faciliter la venue de chacun. Chaque arrivant doit faire l'objet d'un accueil personnalisé et les mises en contact effectuées. La presse doit faire l'objet d'un accueil particulier et d'une attention constante.

3.1.2. La porte ouverte

La porte ouverte consiste à permettre au public extérieur à l'entreprise de visiter celle-ci. Elle emprunte deux formes ; soit elle s'exerce ponctuellement au cours d'un moment déterminé : la journée porte ouverte, soit elle s'effectue le long de l'année et s'apparente alors à une politique de visites d'entreprises. Dans les deux cas, la porte ouverte répond à une attente :
• de l'entreprise qui y trouve une opportunité de communication de proximité avec le public ;
• des salariés de l'entreprise qui y voient traditionnellement le moyen optimal de communication à travers une valorisation de leurs propres activités ;
• du public qui s'intéresse de plus en plus à cette modalité de communication industrielle.

Moyen peu onéreux de communication puisqu'elle s'effectue sur le site même de l'activité industrielle, parfois même rémunérateur à l'exemple de l'usine Perrier à Vergèze dans le Gard où la visite est payante, la porte ouverte a pour objectif de fournir une image d'ouverture, de transparence, de proximité, voire un sentiment de familiarité avec l'entreprise et ses produits.

Elle nécessite toutefois quelques paramètres importants de réussite :

- l'entreprise doit être visitable. Une entreprise obsolète où les règles élémentaires de l'hygiène et de la propreté ne seraient pas respectées n'aurait qu'un intérêt limité à ouvrir ses portes ;
- la visite doit être organisée. À l'instar de l'inauguration, le public doit avoir l'impression d'être attendu. Le circuit de la visite doit être balisé et un accompagnateur dûment averti doit pouvoir répondre à l'ensemble des questions que se posent les visiteurs. Les messages doivent être clairement énoncés dans un langage compréhensible du grand public, ce qui exclut les propos à dominante technique.

En matière de porte ouverte, l'entreprise veillera également à ne pas oublier les riverains immédiats du site. Ils représentent un paramètre déterminant d'une politique de communication de crise ainsi que nous l'avons vu précédemment.

La porte ouverte se prête facilement à un ciblage d'une grande finesse. C'est ainsi que certains interlocuteurs prioritaires peuvent se voir réserver des créneaux de visite sous le pilotage direct du chef d'entreprise.

De même vis-à-vis des journalistes, la porte ouverte fournit à court terme une occasion d'événement médiatique mais aussi, à plus long terme, permet une familiarisation avec l'activité de l'entreprise.

3.2. Forums, salons et colloques

Ce mode de communication se caractérise par un contrôle plus réduit de l'entreprise sur le message. L'organisation globale est extérieure à l'entreprise, sa présence sur un stand ou à la tribune s'effectuera parmi de nombreuses autres entreprises. Son message entrera donc en concurrence avec d'autres, c'est la raison pour laquelle le rapport coût avantage de ce type de manifestation devra avoir été soigneusement pesé préalablement.

3.2.1. Foires et salons

Ils représentent une occasion de contact avec un large public. Le défi posé à l'entreprise repose sur le fait que ce public n'a pas été invité par elle et que son stand sera dispersé parmi de nombreux autres. En outre, le public des foires et salons, hors le cas des salons à très forte spécialisation, se caractérise par une curiosité réduite et fait de chaque stand un simple lieu de passage.

Pour atteindre à l'efficacité, la présence de l'entreprise doit avoir été planifiée :

• le stand doit être particulièrement attractif pour attirer les visiteurs et suffisamment communicatif pour qu'ils restent sur place. Il doit être positionné de préférence au centre d'un hall, ou sur une zone de fort passage ce qui nécessite une réservation très en amont de l'espace nécessaire ;

• une communication spécifique doit avoir été réalisée. Il ne s'agit pas seulement d'être présent dans une foire commerciale, il convient aussi de le faire savoir par des invitations, des mailings, voire des relations avec la presse adaptées ;

• le souci du contact doit être incessant sur un stand. De nombreuses entreprises se contentent de porter l'accent sur l'esthétique du stand sans que le personnel présent n'ait été préalablement formé au contact avec le public visiteur ;

• le stand doit posséder un avantage concurrentiel qui le distingue. Cela peut consister en un jeu concours, une animation, une distribution d'objets divers, voire de boissons ;

• le suivi des contacts opérés est important puisqu'il autorise une fidélisation. Les visiteurs ayant laissé leurs coordonnées – sous prétexte du jeu concours par exemple – intégreront le fichier de prospects et pourront faire l'objet de relances de la part de l'entreprise.

3.2.2. Le colloque

L'intervention active lors d'un forum ou d'un colloque présente deux types d'avantages.

• À court terme, elle permet de délivrer un message directement à une audience captive. Cela autorise le conférencier au cours d'une intervention de 15 à 20 minutes à présenter les éléments clés de son message ou le produit qu'il souhaite vendre.

Elle permet également de positionner l'intervenant comme un expert, à égalité avec les autres membres de la tribune avec lesquels le jeu relationnel sera facilité.

• À long terme, elle permet une valorisation du discours au sein de publications internes à l'entreprise ainsi qu'au travers de relations presse initiées par les organisateurs, voire par l'intervenant. Celui-ci profitera également du programme du colloque pour rappeler les messages clés

Les dix règles pour bien réussir son intervention en colloque

1. Ne lisez pas votre texte, cela lasserait rapidement l'auditoire.
2. Soyez naturel, ne jouez pas un autre personnage.
3. Soignez votre éloquence et votre gestuelle. Il faut captiver votre auditoire.
4. Utilisez l'humour, notamment en introduction et en conclusion. *Opening et closing joke.*
5. Racontez des histoires. Le public préfère du vécu aux discours convenus.
6. Donnez de l'interactivité à votre propos. L'intervention n'est pas un cours magistral.
7. Faites preuve d'humilité. Les discours purement élogieux sont peu crédibles.
8. Répétez préalablement votre intervention.
9. Ne soyez pas prisonnier de vos transparents ou diapositives.
10. Servez-vous d'images pour illustrer votre propos. Évitez les termes trop techniques.

de son discours et clôturera son intervention par un appel à la poursuite des relations.

Les conditions de l'efficacité résident ici en un recensement sélectif des colloques où l'entreprise pourrait intervenir. Celle-ci peut également, en partenariat avec des organismes de type union patronale ou chambre de commerce, organiser son propre colloque de manière à en maîtriser parfaitement le déroulement.

Comme en matière de foires commerciales, le suivi est essentiel. L'intervenant s'attachera à obtenir le fichier des participants de manière à prolonger le colloque par des propositions commerciales ou messages institutionnels. Ceux-ci permettent un rappel personnalisé de l'intervention en dehors de la concurrence des autres intervenants.

3.3. Plaquettes, audiovisuels, site Internet

Ils représentent une des modalités les plus immédiates de la communication d'entreprise, mais aussi une des dérives les plus fréquentes lorsque l'entreprise édite une plaquette ou un audiovisuel sans avoir mené une réflexion en amont sur sa stratégie. Les professionnels parlent de communication outil lorsque l'entreprise dissimule derrière des plaquettes de prestige une pauvreté stratégique en matière de réflexion sur sa communication.

3.3.1. Plaquettes et brochures

Deux écoles dominent ce domaine : celle des symbolistes et celle des pragmatiques.

• Selon les premiers, la plaquette remplit une fonction phatique, c'est-à-dire qu'elle agit en termes de symbole d'une volonté relationnelle. Peu importe le fond, l'essentiel repose sur l'acte de communication que la plaquette engendre.

• Pour les pragmatiques, le contenu est essentiel. La plaquette doit être informative, détaillée et précise.

Le débat reste ouvert. Il est acquis que le taux de lecture des plaquettes d'entreprise est très faible. De nombreuses entreprises se félicitent que leurs plaquettes aient été prises par le public sur un stand quelconque, alors qu'il ne s'agit dans la majorité des cas que d'un réflexe et que la durée de vie de celle-ci n'excédera pas le chemin de retour du visiteur. Cette réalité n'enlève rien à la nécessité des plaquettes d'information qui forment souvent la base des outils de communication. Pour l'édition d'un écrit d'information, trois règles doivent être respectées : la sobriété, la lisibilité et la brièveté.

• Les plaquettes à trop forte recherche d'originalité (encart détachable, système de rabats, pochette intégrée) risquent de décourager le lecteur. La simplicité est souvent synonyme d'efficacité. Le communicant d'entreprise saura se défier des conseils d'agence de communication dont l'intérêt est de vendre des plaquettes luxueuses (quadrichromie, papier glacé) pour des raisons financières évidentes.

La recherche de la sobriété sera nécessaire pour des communications ciblées sur des interlocuteurs peu sensibles à l'esthétique des documents d'entreprise. Ainsi, une plaquette présentant les actions environnementales de l'entreprise a tout intérêt à être réalisée sur papier recyclé et à ne pas paraître trop onéreuse. À défaut ses actions se verraient suspectes de former un alibi en vue d'objectifs quasi-publicitaires.

• Chaque entreprise, en fonction de son secteur d'activité et de sa culture interne, possède son langage spécifique. Dans ses écrits, le responsable de communication veillera à éviter toute référence à ce discours, à bannir les termes trop techniques. L'ensemble devra être lisible et fournir une harmonie entre un texte aéré, des photos ou illustrations attrayantes et une mise en page attractive.

• Une dérive courante en communication est de vouloir tout dire. Par peur de froisser un service interne à l'entreprise, le communicant détaillera une activité complexe au détriment d'une attente externe. Les plaquettes connaissent un taux de lisibilité d'autant plus faible qu'elles s'adressent généralement à des cibles recevant un volume de courrier non négligeable. Une plaquette doit donc être brève quitte à proposer sous forme de coupon détachable ou de numéro de téléphone un complément d'information pour les lecteurs intéressés.

3.3.2. *L'audiovisuel d'entreprise*

Présent dans près des 3/4 des entreprises françaises de plus de 50 salariés, l'audiovisuel d'entreprise vise à fournir une présentation de celle-ci sous la forme d'un film ou d'un diaporama. Moyen attractif de communication, il offre de nombreux avantages.

• Sa souplesse d'utilisation permet son emploi dans la majorité des opérations de relations publiques. L'audiovisuel pourra être présenté sur un stand, lors d'un colloque, d'une inauguration, d'une journée portes ouvertes.

• Son efficacité est importante, puisque selon de nombreuses études notre mémoire visuelle serait largement supérieure à celle engendrée par l'écrit. Les messages soutenus par quelques images en mouvement seront davantage mémorisées par le public que ceux soutenus par des documents écrits.

• Sa modernité, notamment renforcée par les nouveaux procédés de création d'images de synthèse (3 D, morphing…), procure un aspect attrayant pour le visiteur. Par ailleurs, contrairement à l'écrit, aucun effort n'est requis de sa part.

À l'inverse, l'inconvénient principal de l'audiovisuel réside dans son caractère figé. Les films d'entreprise vieillissent rapidement et ne permettent pas la mise à jour. En outre, les coûts de réalisation sont généralement consistants.

Les principes d'efficacité d'un audiovisuel d'entreprise reposent sur trois éléments.

De la séduction à la conviction

Robert Tixier-Guichard
Associé du cabinet CoManaging
Auteurs de *Les Dircoms – À quoi sert la communication* ?
(Le Seuil)

Quels sont selon vous les points déterminants de l'évolution de la communication d'entreprise durant ces dernières années ?

On est passé de l'hégémonie de la séduction à une culture de la conviction et de la confrontation. La publicité est toujours très présente dans le paysage de la communication d'entreprise. La diète forcée imposée au secteur de la communication par la crise économique au début des années 90 et dans les premiers pas des années 2000 a fait tomber quelques paillettes et calmé quelques excès, mais la publicité n'a perdu ni de son dynamisme ni de sa présence. Elle reste essentielle quand il s'agit de séduire les consommateurs. Par contre, un changement est en train de s'accomplir lentement sous l'effet d'un ensemble de tendances lourdes : médiatisation accélérée de la vie économique, nouveaux comportements des consommateurs souvent plus circonspects et exigeants, accentuation de la concurrence, développement des politiques réglementaires transnationales (notamment européennes), multiplication des crises mettant en cause des produits, des marques et des entreprises, montée des thématiques du développement durable, de la responsabilité sociale, etc.

Séduire ne suffit plus. Il faut convaincre. Convaincre que ses produits ou ses services sont meilleurs que ceux des autres (qualité, sécurité, respect de l'environnement, performances, prix, etc.), que la marque est forte et fiable, que l'entreprise est solide, respectable, sincère dans ses dires et dans ses actes. Gare à celui qui se laisse aller à des promesses excessives, qui ne tient pas parole, qui manque de « transparence » ou dissimule volontairement… Il se voit vite convoqué devant le « tribunal de l'opinion », animé et mis en scène par les médias à un train d'enfer…

Les voies de la conviction sont moins simples que celles de la séduction. Elles demandent de l'information, du dialogue, une communication moins péremptoire. ***L'avenir est aux entreprises qui sauront durablement se faire apprécier de leurs différents publics en entretenant une relation humainement riche avec eux***. Ce sera de plus en plus le rôle de la communication dite « *corporate* ».

• En premier lieu, il importe d'en définir précisément l'objectif. Le film a-t-il pour vocation de valoriser l'image de l'entreprise, de ses produits, pourra-t-il être utilisé en interne, voire en formation ? Quel message doit-il délivrer ? À qui s'adresse-t-il prioritairement ? Autant de questions dont la réponse est un préalable nécessaire à toute décision d'investissement en ce domaine.

• Préparer un cahier des charges précis. Il sera le socle de références pour la réalisation de l'audiovisuel. Réalisateur et producteur devront en permanence s'y référer puisque celui-ci constitue le document contractuel. Si, pour le prestige, l'entreprise peut utiliser des metteurs en scène ou des acteurs de renom, elle veillera particulièrement au résultat recherché qui dépend prioritairement de la clarté des messages et de la tonalité utilisée.

• Sur le fond, les règles classiques de communication s'appliquent. L'entreprise évitera les séquences trop longues, les termes techniques, la surabondance d'informations, le ton dithyrambique sur son activité et les interviews monocordes et rapidement caduques.

3.3.3. *Le site Internet*

Le site Internet remplit de nombreux usages. Il est une vitrine de l'entreprise qui peut ainsi se présenter de manière détaillée, un lieu d'exposition et d'offre de ses produits et un lieu d'échange interactif. Après un rapide démarrage dans la deuxième moitié des années 90, marqué par une forte propension à l'esthétisme comme qualité première, Internet est désormais banalisé dans la quasi-totalité des entreprises. La création de rubriques permet de cibler les différents publics et fréquemment d'engager un dialogue constructif.

4. LE PARRAINAGE

Le parrainage est l'acte par lequel une entreprise soutient une activité extérieure à son action propre. Le parrainage se scinde en deux catégories : le mécénat et le sponsoring. Les définitions entre elles ne sont pas hermétiques, il est néanmoins accepté que :

• le mécénat s'inscrit plutôt dans la durée là où les actions de sponsoring concernent davantage des opérations ponctuelles, de courte durée ;

• les objectifs du mécénat gravitent davantage autour de la construction de l'image de l'entreprise ; ceux du sponsoring concernent plutôt le produit, l'action commerciale, la promotion des ventes ;

• le mécénat s'attache davantage à certains domaines types, notamment la solidarité ou la culture, alors que le sponsoring se réserve des secteurs globaux comme le sport.

4.1. Les objectifs du parrainage

Le parrainage permet à l'entreprise de réaliser trois objectifs : l'amélioration de son image, la promotion de ses ventes, l'ouverture et le renforcement de ses relations.

4.1.1. L'amélioration de l'image

C'est l'objectif le plus ancien. C'est ainsi que des entreprises classiques sponsorisent la réhabilitation de nombreuses rivières, que des entreprises pétrolières soutiennent des régates et des entreprises énergétiques des réserves naturelles. Dans les trois cas, le but est de contrebalancer une image de « pollueur » par des actions de parrainage axé sur l'environnement.

Le choix des axes de parrainage obéit ainsi à une recherche d'amélioration du capital image. Gaz de France a choisi le tennis féminin pour féminiser l'image du gaz naturel, IBM la peinture pour humaniser son image hi-tech trop froide, France Telecom la gymnastique pour ses valeurs de technicité…

4.1.2. La promotion des ventes

Elle est plus généralement associée au sponsoring dont on attend des retombées plus immédiates. L'entreprise soutiendra donc des événements avec l'idée de contreparties commerciales. Le sponsoring s'apparente à une démarche publicitaire en ce que le logo de l'entreprise, de la marque ou du produit, sera maximisé en termes d'impact souhaité. Si le Crédit Lyonnais soutient le tour de France ou la BNP Paribas le tournoi de Roland Garros, c'est en échange d'une visibilité maximale de leur appellation sociale.

Il est, de ce point de vue, particulièrement logique que les interdictions publicitaires ayant frappé les producteurs d'alcool ou de tabac les aient naturellement incités à se positionner davantage vers le sponsoring.

4.1.3. L'objectif relationnel

Généralement occulté des manuels de communication, cet objectif repose sur le constat que le parrainage est un des meilleurs outils d'ouverture ou de renforcement relationnel. Valable autant au niveau d'une grande firme multinationale que d'une PME, l'objectif relationnel consiste à profiter d'un événement que l'on soutient pour accroître ses réseaux de relations. Le meilleur exemple réside dans le mécénat à l'égard de l'environnement. Pendant longtemps un fossé a existé entre le monde industriel et les associations écologiques. Aucune communication de type publicitaire n'aurait eu le moindre effet. C'est par le biais du soutien à des initiatives environnementales qu'un dialogue a pu s'ouvrir. Lorsque EDF a décidé de soutenir à partir de 1991 le Festival International du Film Ornithologique de Ménigoute dans les Deux-Sèvres, c'était principalement parce que dans un même lieu l'entreprise pouvait rencontrer l'ensemble des acteurs concernés par les électrocutions et percussions d'oiseaux sur les lignes électriques.

Dans le même esprit, la stratégie du Crédit Agricole paraît exemplaire d'une volonté d'ouverture sur un environnement de proximité. À côté de quelques actions d'ampleur nationale, le Crédit Agricole s'est positionné localement comme une force de contribution à de nombreuses actions pour lesquelles le seul objectif semble être de positionner cette banque comme un partenaire avec qui il est possible de monter des projets. La réponse positive, même en termes financiers minimes, permet d'intégrer le Crédit Agricole parmi les notabilités locales présentes à chaque événement.

Il est également à signaler que la sortie d'un événement quelconque permet à l'entreprise d'inviter ses publics cibles (élus, journalistes, pouvoirs publics...) dans un climat plus ouvert que celui d'une relation d'affaire classique.

4.2. Situation du parrainage

Le parrainage est aujourd'hui ancré dans les habitudes de communication des entreprises bien qu'il s'agisse d'un domaine relativement nouveau. On considère en effet que le parrainage n'existe significativement en France que depuis le milieu des années 80. Selon les enquêtes effectuées par l'Union des Annonceurs, les 2/3 des grandes entreprises s'y adonnent aujourd'hui en considérant qu'il s'agit d'une composante à part entière de leur stratégie.

Le domaine le plus répandu est le sport suivi de près par la culture.

Les entreprises possèdent souvent plusieurs axes de parrainage, généralement trois.

S'agissant des domaines propres au mécénat, il est constaté que celui-ci n'est plus l'apanage des grandes entreprises et que les PME/PMI sont souvent fort actives, notamment au travers des clubs d'entreprise.

Si globalement les domaines d'action connaissent peu de variations d'une année sur l'autre, on peut néanmoins noter :

- un fort tassement des actions à l'égard de l'environnement. Alors qu'au milieu des années 90, un tiers des entreprises entendaient investir dans ce domaine, celui-ci apparaît négligeable et ne représente désormais que 7 % des actions de mécénat ;
- une relative progression du domaine solidarité. Selon l'Admical, la première association française pour le développement du mécénat, 600 entreprises ont effectué des opérations de mécénat sur ce secteur en 2003, contre 450 en 1996 et 300 en 1994. Le budget de ce secteur avoisine les 134 millions d'euros.
- une nouvelle législation entrée en vigueur en 2003 a fortement modifié les règles juridiques et fiscales du mécénat afin de le rendre plus attractif pour les entreprises. Ses actions devraient s'accroître à l'avenir.

Si le parrainage s'effectue généralement sous la forme d'une subvention financière, d'autres possibilités peuvent être utilisées : mise à disposition de moyens humains, de locaux, de matériels, de savoir-faire.

Parmi les évolutions significatives, il est intéressant de remarquer que la part communication se réduit régulièrement depuis une dizaine d'années au profit de celle consacrée à la manifestation *stricto sensu*. En valeur relative, les dépenses de communication ont été divisées par deux par rapport aux dépenses de soutien.

4.3. Modalités d'intervention dans le secteur du parrainage

4.3.1. La conduite du projet

Si près de 90 % des entreprises utilisent leur structure interne pour mener leurs actions de parrainage, certaines préfèrent utiliser des structures autonomes. Dans ce dernier cas, le recours à la Fondation d'entreprise est le plus employé.

La Fondation d'entreprise a été créée par une loi du 4 juillet 1996. Elle offre deux avantages majeurs. D'abord une autonomie de gestion et une séparation comptable clairement affirmée, ensuite et surtout un régime fiscal avantageux puisque les dépenses de parrainage sont ensuite déductibles au titre de l'impôt sur les sociétés à hauteur de 2 ‰ du chiffre d'affaires de l'entreprise. Ces fondations peuvent soit avoir une totale autonomie juridique soit être placées sous l'égide de la Fondation de France (Auchan, RJ Reynold's et Solidarité SNCF).

Les entreprises peuvent également créer des associations spécifiques de type loi de 1901 et se regrouper en club d'entreprise. En 2003, une centaine de clubs d'entreprise étaient recensés en France, contre 70 en 1997. L'avantage réside ici dans l'accroissement des moyens, au détriment peut-être d'une dilution de l'image.

4.3.2. Le choix du domaine d'action

Avant d'engager une action de parrainage, l'entreprise doit se positionner par rapport à son identité, à la concurrence et à ses objectifs.

4.3.2.1. Le positionnement par rapport à l'identité de l'entreprise

Il s'agit d'évaluer l'adéquation entre l'action proposée, le type d'activité et la culture interne de l'entreprise.

4.3.2.2. Le positionnement par rapport à la concurrence

Si Renault sponsorise la Formule 1, Peugeot ne pourra s'y investir qu'à condition d'être immédiatement certain des résultats de son écurie. À défaut le revers d'image serait délicat à gérer.

4.3.2.3. Le positionnement par rapport aux objectifs

Image, relationnel ou vente. Le choix doit être clarifié. On a constaté récemment une part accrue des objectifs commerciaux qui se traduit par le fait que 20 % des budgets de parrainage sont gérés par la direction commerciale des entreprises. La recherche de la rentabilité est un axe croissant dans la motivation du parrainage.

4.3.3. Les contraintes

Une fois les thèmes choisis, l'entreprise doit envisager sept contraintes avant d'engager ses actions.

4.3.3.1. La durée

Le parrainage doit s'inscrire dans la durée. À défaut il risquerait de ne produire qu'un brouillage d'image, voire celle d'une entreprise mal gérée. C'est seulement après 4 ou 5 années que les effets d'image peuvent s'évaluer.

4.3.3.2. Le bénéfice attendu

Le parrainage améliore l'image de l'entreprise, il ne crée pas une notoriété. Ceci signifie que si l'entreprise souhaite renforcer sa notoriété, elle doit choisir d'autres voies de communication. La simple répétition d'un logo mal connu ne permet ni la mémorisation, ni l'attribution dans le domaine du parrainage.

4.3.3.3. L'encombrement du marché

De nombreux secteurs sont déjà occupés, notamment en matière de sponsoring sportif. Si elle souhaite se différencier, l'entreprise devra recenser les créneaux disponibles. Autre exemple, en matière de mécénat à l'égard de l'environnement, GTM fut partenaire des parcs régionaux, EDF des réserves naturelles, Elf des parcs naturels nationaux et Procter & Gamble du conservatoire du littoral.

4.3.3.4. L'accompagnement

L'efficacité d'une action de parrainage ne saurait se limiter au soutien financier de l'opération. Il importe d'optimiser les résultats par une communication adaptée, tant à l'occasion de l'événement (invitations, relations presse) qu'après la clôture de celui-ci (communication sur le bilan de l'opération axée sur le rôle et l'implication de l'entreprise).

4.3.3.5. La mesure

Comme pour toute action de communication, les effets du parrainage se mesurent. C'est d'ailleurs une des conditions de la pérennité du parrainage que de pouvoir évaluer ses retombées quantitatives (fréquentations, retombées presse) et qualitatives (enquêtes, entretiens…).

4.3.3.6. L'interne

Le personnel de l'entreprise doit être associé en amont à l'opération de parrainage. À défaut, une incompréhension risquerait de surgir, particulièrement si le lien avec l'activité de l'entreprise est en apparence faible. En outre, s'agissant de la mobilisation des salariés, il est souvent judicieux de négocier un nombre d'entrées gratuites réservées au personnel à l'occasion des événements soutenus par l'entreprise. Parmi les tendances récentes, on observe un accroissement de la participation active des salariés sous deux formes : le mécénat associé où le personnel peut s'impliquer financièrement, généralement avec un abondement de l'entreprise, et le mécénat de compétences où les salariés mettent leurs expertises, voire simplement leur temps, à disposition d'une cause.

4.3.3.7. La marge de manœuvre

Autant la fixation de quelques axes est nécessaire à l'amélioration de l'image de l'entreprise, autant une flexibilité est souhaitable afin de pouvoir répondre à certaines sollicitations. La réponse de l'entreprise s'effectue ici non en relation avec le thème, mais en fonction de la personnalité du solliciteur et des enjeux associés. L'investissement doit rester exceptionnel, même si certains enjeux locaux prévalent parfois sur l'efficacité d'action de communication entendue *stricto sensu*.

5. LA MESURE DE LA COMMUNICATION

Au cœur du débat sur la légitimité des politiques de communication, le problème de la mesure est souvent posé avec d'autant plus de pertinence que sa réalisation est délicate. Pourtant, c'est seulement à cette condition que l'utilité des actions de communication pourra être pleinement reconnue.

5.1. Les outils de la mesure

Ils dépendent du type d'action engagée. L'efficacité d'une communication financière pourra s'évaluer en fonction de l'évolution des cours du titre en bourse, celle d'une communication de recrutement en fonction de l'augmentation des demandes spontanées de recrutement. Pour l'ensemble des outils, deux paramètres sont essentiels à la mise en perspective des résultats.

• Le premier repose sur les résultats barométriques qu'il convient de préférer à l'étude statique. Les résultats sur une longue période sont plus fiables car ils permettent de juger une évolution, alors qu'un questionnaire établi à un moment t sera toujours suspect de biais quelconque lié à la méthodologie propre au sondage.

• Le second repose sur la comparaison avec d'autres produits ou d'autres entreprises, il ne sert à rien de se réjouir d'une bonne notoriété de l'entreprise si celle des concurrents est meilleure. C'est pourquoi les questionnaires doivent aussi s'attacher aux entreprises rivales afin de positionner clairement l'originalité des valeurs propres à chaque entreprise. On appelle *mapping* la carte représentant ce type de positionnement.

• Parmi les domaines où la mesure s'effectue fréquemment, les relations avec la presse se distinguent par un recours particulier aux techniques quantitatives. Dans les faits, cela consiste à dénombrer l'ampleur des retombées presse d'une action de communication. On comptera ainsi le nombre d'articles parus, l'équivalence en termes d'achat d'espace, la place de l'article au sein du journal, on tâchera de mesurer la tonalité de l'article.

Le secteur publicitaire est un domaine où la mesure est omniprésente.

• On distingue ici le pré-test qui permet de mesurer l'efficacité d'une campagne avant sa sortie. Il consiste à réunir un échantillon d'individus et à le faire réagir sur un film, des annonces radiophoniques ou des visuels publicitaires. En fonction des résultats, le pré-test autorise ainsi toutes les améliorations dans la perspective d'une efficacité maximale.

• Le post-test est un outil de mesure des résultats effectifs. Il comporte trois grandes catégories de questions relatives :

– à la mémorisation : la campagne a-t-elle été vue ?

– à l'attribution : la campagne est-elle bien attribuée à l'entreprise ?

– au comportement : la campagne a-t-elle engendré une modification du comportement en faveur du produit ?

5.2. Le débat sur la mesure

Si chacun s'accorde à reconnaître son rôle majeur, la mesure reste toutefois sujette à discussion en raison de cinq limites.

5.2.1. *L'instrument utilisé*

Le sondage doit être utilisé avec d'infinies précautions puisque selon le type de formulation de la question, la place de celle-ci dans le questionnaire... les résultats peuvent varier considérablement.

5.2.2. *L'impact direct de l'action*

L'évolution boursière de l'action France Telecom est-elle liée à la communication financière de cette entreprise ? La décision des pouvoirs publics est-elle la résultante du travail de lobbying opéré en amont ? La réussite commerciale du produit est-elle la conséquence de la campagne publicitaire ? Dans ces trois domaines comme dans bien d'autres, il est extrêmement difficile de distinguer l'efficacité de la communication par rapport à d'autres facteurs moins aisément mesurables.

5.2.3. *L'objectif de la mesure*

Il y a ici une déviance qui consiste à mesurer non l'efficacité de l'action mais d'autres paramètres tenant fréquemment à l'esthétique ou à la notoriété. Cette dérive est d'autant plus fréquente qu'elle semble encouragée par la pratique de nombreux prix ou trophées récompensant les plus beaux audiovisuels d'entreprises ou la campagne de publicité la plus esthétique.

5.2.4. *Le temps de l'action*

La communication se juge souvent sur le long terme or, et la stagnation économique a accru ce phénomène, le chef d'entreprise a souvent tendance à attendre de son responsable de communication la même rentabilité des investissements que celle qui prévaut dans les autres secteurs. C'est souvent par des actions discutées, opérées au jour le jour, au plus près du terrain, que l'efficacité pourra se révéler à long terme ; à court terme elles sont difficilement évaluables.

5.2.5. Les effets indirects

Certaines actions se fixent des objectifs particuliers sans prendre en considération les impacts globaux sur l'entreprise. Une réussite en termes de communication externe peut entraîner des effets désastreux en termes de cohésion et de climat social interne à l'entreprise. Les retombées indirectes peuvent l'emporter sur l'impact recherché.

CONCLUSION

Malgré ses limites, le problème de la mesure doit être surmonté. Seule celle-ci permettra de crédibiliser la communication au cœur de la stratégie de l'entreprise. Les outils existent même si certains restent imparfaits. Il reste qu'ils ne peuvent être déconnectés de l'ensemble de la stratégie de communication. En effet, l'utilité de mesurer les effets d'une stratégie quasi-inexistante sera limitée. La mesure trouve sa place en fin de processus, l'essentiel réside dans la fixation claire des objectifs. C'est à cette seule condition que la mesure de l'efficacité peut être posée.

Le plan de communication externe

Celui-ci s'élabore au travers des réponses à 7 questions essentielles :
1) Quel est l'objectif stratégique de l'entreprise ?
2) Quelles sont les cibles ?
3) Quelles sont leurs attentes ?
4) Quel est l'objectif de communication ?
5) Quel est le message de l'entreprise ?
6) Quels outils de communication utilisera-t-elle ?
7) Comment mesurer les résultats ?

CHAPITRE IV

Les objectifs de la communication interne

Faire participer les salariés, obtenir leur adhésion, voire leur mobilisation, suppose une parfaite connaissance de disciplines connexes en rapport avec le monde du travail, notamment sociologiques ou psychologiques. Cela suppose également un ancrage de la communication interne au cœur du management de l'entreprise : il ne saurait y avoir de politique de communication interne ambitieuse dans le cadre d'un modèle de management, paternaliste ou autoritaire. Cela suppose enfin de bien définir les attentes vis-à-vis de la communication interne et de ses trois composantes : la communication ascendante, descendante et latérale.

1. LA COMMUNICATION INTERNE AU CŒUR DU MANAGEMENT DE L'ENTREPRISE

Tout comme la communication externe a pour finalité l'image de l'entreprise et la vente de ses produits, la communication interne ne prend son sens qu'en étroite relation avec le management de l'entreprise.

1.1. La communication interne repose sur l'identité de l'entreprise

La communication interne ne saurait être plaquée *ex nihilo* sur une entreprise. De nombreux paramètres doivent être préalablement recensés.

1.1.1. L'activité

Dans quel secteur économique se situe l'entreprise, ce secteur est-il considéré comme porteur, dynamique (nouvelles technologies), ou est-il en déclin (textile, charbonnage…) ?

1.1.2. La taille de l'entreprise

S'agit-il d'une PME où l'information se transmet d'abord oralement ou d'une grande entreprise où les messageries électroniques et l'écrit prédominent ?

1.1.3. L'organisation

L'entreprise est-elle unique ou est-elle organisée en réseau, c'est-à-dire en de multiples implantations locales ? Dans ce dernier cas, le cadre de cohérence de la politique de communication interne est élaboré au niveau du siège social, les unités locales étant chargées de sa mise en œuvre sur le terrain. Si l'organisation est internationale, l'approche multiculturelle sera nécessaire afin d'intégrer les cultures et les particularismes des nations où l'entreprise est présente.

1.1.4. L'ancienneté

L'entreprise ancienne possède ses traditions, ses cadres et ses coutumes. Une entreprise nouvellement créée vivra durant quelques années avec un sentiment d'urgence et la crainte de l'échec y sera plus importante.

1.1.5. La culture

En fonction des éléments précédents et de nombreux autres facteurs, l'entreprise développera un type de culture particulière. Les relations entre la direction et les salariés y seront plus ou moins développées. Ceux-ci seront plus ou moins favorables à la politique de motivation, en phase avec les impératifs de changement, en accord avec les messages émis à leur intention.

1.2. La communication interne repose sur le projet d'entreprise

Si l'identité indique l'état de l'entreprise à l'instant t, le projet d'entreprise a pour objectif de tracer le chemin pour atteindre un état t + 1 considéré comme optimal. Le projet se présente sous la forme d'un plan stratégique traçant la situation actuelle, ses forces et faiblesses, le positionnement de la concurrence, l'objectif de l'entreprise considéré d'un point de vue économique et financier, les moyens d'atteindre ce but.

La communication interne est directement associée au projet d'entreprise, pour deux raisons principales :
• d'abord parce qu'elle est partie intégrante des moyens de parvenir à l'objectif final. Sans participation des acteurs internes, les résultats économiques seront difficilement atteints. Pour pallier l'absentéisme, accroître la quantité et la qualité du travail, la communication interne se révèle un outil incontournable ;
• ensuite parce que la force du projet d'entreprise dépend autant de son élaboration que de son achèvement. Concrètement, un projet d'entreprise qui découlerait d'une démarche participative et constructive avec la majorité des acteurs de l'entreprise aura davantage de chance de réussir qu'un projet élaboré par la seule direction. Dans le premier cas nous avons une approche communicative, dans le second informationnelle. Or la communication interne ne saurait se cantonner au simple flux d'informations descendantes. Elle résulte d'une démarche interactive qui part des attentes et des enjeux de l'entreprise. L'appropriation du projet sera supérieure si les salariés ont le sentiment d'en être les coauteurs, à défaut, d'avoir pu y contribuer.

1.3. La communication interne dépend du dispositif managérial

De ce point de vue, elle doit considérer les trois étapes de sa formulation et les trois volets de son action.

1.3.1. Les trois étapes

Il importe en premier lieu de spécifier ce qui est recherché au travers de la politique de communication interne. Trois objectifs existent qui correspondent aux trois phases.

1.3.1.1. Faire connaître

Il s'agit du stade embryonnaire de la communication interne, celle où la communication s'assimile à de la simple diffusion d'informations. Bien qu'étant nécessairement considérée comme le niveau zéro de la communication, cette étape reste la plus répandue dans les entreprises françaises. Ceci entraîne une communication purement descendante basée sur la croyance qu'il suffirait que les salariés soient parfaitement informés pour comprendre et se mobiliser. La déviance essentielle de cette approche est de considérer la communication interne par les outils avant de la considérer par les enjeux et les objectifs. Le journal d'entreprise est souvent la caricature de ce système lorsque la richesse de la présentation sert à pallier le manque d'interactivité au profit d'informations à caractère unilatéralement positif.

1.3.1.2. *Faire accepter*

Il ne suffit pas de diffuser de l'information, encore faut-il convaincre pour faire adhérer. Les techniques informatives et celles qui visent à persuader sont différentes. Convaincre signifie écouter les arguments d'autrui et y répondre au travers d'un échange. Seul cet échange permet une appropriation du message par les salariés, à défaut ceux-ci resteront à l'état d'information considérée comme subjectives, voire manipulatrices. Faire accepter participe d'une démarche d'écoute et de dialogue visant l'adhésion par le salarié des messages et du sens de l'action. La communication est ici requise puisqu'elle vise à obtenir une réaction positive en retour.

1.3.1.3. *Faire agir*

C'est ici la dimension opérationnelle de la communication interne. Celle-ci ne prend son utilité qu'au moment même où elle se rend capable d'influer sur le comportement, où le salarié après avoir reçu les informations, les avoir avalisées, devient capable de les utiliser au bénéfice de l'entreprise. C'est en ce sens que la communication interne se situe au cœur de management, par sa capacité à produire un comportement. Lorsqu'il reconnaît son rôle dans l'entreprise et qu'il a conscience que cette perception est partagée par la direction de l'entreprise, le salarié peut se surpasser. Elton Mayo fut dès 1927, un des premiers à en décrire le mécanisme.

> **Elton Mayo et la Western Electric**
>
> Au début, Elton Mayo, sociologue du travail, étudiait dans les usines de la Western Electric Company aux États-Unis les effets de la lumière sur l'efficacité du travail des ouvriers. Le résultat espéré advint : une amélioration de la luminosité entraînait un accroissement du travail accompli. Elton Mayo eut alors l'idée saugrenue de diminuer l'éclairage, et, paradoxalement, la productivité s'accrut également. Elton Mayo s'aperçut alors que la variable déterminante n'était pas la lumière, mais le fait que l'ouvrier étant l'objet d'une attention particulière, se sachant observé, accroissait de lui-même sa productivité. La notion de groupe informel, concept de base de la psychologie du travail, était née.

1.3.2. Les trois volets de la communication interne

Si la communication interne se réduit trop souvent à la communication descendante, elle est cependant plus large et comporte deux autres volets tout aussi importants.

1.3.2.1. La communication descendante

Elle comporte l'ensemble des éléments d'information émanant de la hiérarchie et destinés à l'ensemble des salariés de l'entreprise. Les outils les plus utilisés sont le journal interne, l'Intranet, la note de service, l'affichage et pour certaines grandes entreprises les dépêches d'agences d'information interne ou les vidéotransmissions.

1.3.2.2. La communication ascendante

Il s'agit de l'ensemble des pratiques visant à faire remonter vers la hiérarchie les attentes et les besoins d'information des salariés. La communication interne globale ne saurait être efficace si elle édulcore ce volet, au mieux elle se condamnerait à l'inefficacité ; au pire à impulser des effets pervers (feed back négatifs) en réaction aux informations reçues et considérées comme étant décalées par rapport à la réalité du terrain. Les principaux moyens reposent sur les réunions de service, les sondages et enquêtes auprès du personnel, les boîtes à idées.

1.3.2.3. La communication latérale

La communication des salariés entre eux est évidemment à encourager, elle est aussi à contrôler. C'est ainsi une constante dans la plupart des enquêtes internes de constater que « les collègues » apparaissent comme étant la première source d'informations dans l'entreprise. En effet, « des collègues » à « la rumeur », il n'y a qu'un pas, allégrement franchi lorsque l'information hiérarchique est insuffisante quantitativement ou qualitativement. Cette information latérale est par nature davantage orale, elle résulte de multiples rencontres formelles ou informelles : machines à café, cantines, sorties de service. Elle a été considérablement amplifiée par la généralisation des messageries électroniques qui permet de transmettre instantanément une information à une multitude de collègues. Le fait que les salariés communiquent entre eux est une condition nécessaire de la politique globale de communication interne, elle n'est pas suffisante et chacun des trois maillons est indispensable à l'efficacité du processus.

Compréhension du métier et efficacité professionnelle – la métaphore du batisseur

Nous sommes au Moyen Âge dans une grande ville de province. Trois ouvriers frappent des rochers avec un pieu, dans les mêmes conditions. À un contremaître qui passe et les interroge, le premier répond « moi, je tape sur la pierre », le second « je construis un mur » et le troisième « je bâtis une cathédrale ». Le troisième avait compris l'importance de sa mission au travers de sa finalité.

2. LA COMMUNICATION INTERNE AU CŒUR DE LA COMMUNICATION GLOBALE

Toute communication externe doit s'appuyer sur une démarche préalable de communication interne, toute communication interne doit s'intégrer dans le dispositif de communication globale.

2.1. La communication interne, partie intégrante de l'image globale

Ce constat repose sur deux éléments.

2.1.1. *Toute activité interne est susceptible d'une médiatisation externe*

En dehors du reportage en profondeur qui consiste à proposer au journaliste une immersion au sein de l'entreprise, il est souvent opportun de recenser l'ensemble des activités de l'entreprise propices à un traitement médiatique. Celui-ci peut s'effectuer sous un angle strictement commercial, mais également dans le cadre de la valorisation d'un talent ou d'une compétence particulière d'un salarié. Ce dernier pourra faire l'objet d'un reportage soit au titre de sa vie professionnelle, par exemple au titre d'une innovation, soit à celui de ses loisirs dans le cadre d'une action valorisante de type sportif, artistique ou humanitaire.

2.1.2. *La théorie de l'agent ambassadeur d'image*

Le principal rôle que nous jouons dans notre existence réside dans notre activité professionnelle. Toutefois, en dehors de notre métier, notre image professionnelle nous reste indissociablement collée. Par conséquent, la perception externe d'une entreprise qu'un salarié transmet, souvent inconsciemment, aura toujours du poids, davantage même parfois qu'une campagne d'image.

Si l'on suppose, hypothèse basse, qu'un salarié véhicule quotidiennement l'image de son entreprise auprès de dix personnes (famille, amis…) et que ces derniers sont également des vecteurs d'informations, on comprend mieux que si les 300 000 agents de la Poste ne sont pas convaincus qu'il est possible de « Bouger avec la Poste », les efforts publicitaires risquent d'être singulièrement réduits.

Cette théorie de l'agent ambassadeur, exportateur, ou vecteur d'image n'est pas valable seulement dans le cas de grandes entreprises. Elle l'est également pour l'ensemble des PME vis-à-vis de leur ancrage local et de façon plus générale pour toutes les entreprises ayant leurs salariés en contact fréquent avec le public.

2.2. La communication externe comme vecteur de mobilisation interne

Effectuée de manière souvent volontariste, elle comporte néanmoins une source de risque interne.

2.2.1. L'application volontariste

Elle est effectuée lorsque l'entreprise utilise des outils de communication externe en vue d'un objectif partagé externe/interne, voire dans une stricte vision de communication interne.

Un des meilleurs exemples réside dans la campagne publicitaire de Renault en 1985, année où l'entreprise connaît les difficultés les plus fortes (2 milliards d'euros de pertes, 10 milliards de dettes, plan de restructuration…)

Renault engage alors une communication externe où l'interne est privilégié. Il s'agit en cette période difficile de ne pas baisser les bras mais au contraire de renforcer l'esprit d'équipe et la cohésion. La campagne, d'abord présentée et expliquée en interne, utilisera le concept de la détermination en focalisant sur le comportement des salariés. Ceci produisit la célèbre campagne : déterminés.

Déterminés

- Déterminés à consolider notre place de première marque française.
- Déterminés à faire des voitures toujours plus belles, sûres, confortables, brillantes.
- Déterminés à nous imposer une extrême rigueur de gestion, pour continuer à vendre nos voitures au plus juste prix.
- Déterminés à retrouver le profit.
- Déterminés à maintenir notre avance technologique.
- Déterminés à vous apporter, partout, le meilleur service.
- Bref, déterminés à réussir.

Renault. Déterminés.

Dans le même esprit, mais en dehors de tout contexte de crise, les campagnes publicitaires du CIC utilisent fréquemment la mise en scène de situations réelles de travail pour valoriser ses salariés et produire une image de proximité de cette institution financière. Par la présentation d'un salarié, nommément désigné, chacun peut s'identifier et la banque y gagne en image de chaleur humaine. Dans le même temps, elle projette le signe auprès de son personnel que celui-ci, digne de visuels publicitaires, constitue son capital le plus précieux.

Il importe également de noter que de nombreuses campagnes purement externes peuvent avoir un impact positif en interne. Il a ainsi été constaté que les campagnes de communication environnement ou de communication de solidarité – à condition de s'appuyer sur une réalité non contestée – influent positivement sur le sentiment d'appartenance à l'entreprise.

2.2.2. *Les effets négatifs*

Ils apparaissent lorsque le décalage est trop important entre les messages émis vers l'externe et ceux diffusés en interne. Ceci peut aller du simple malaise comme celui produit au sein de la BNP en 1974 par la campagne de l'agence Robert & Partners « Votre argent m'intéresse ». À caricaturer l'image du banquier, la campagne fut mal vécue par le personnel de la banque qui s'identifiait mal à la personne cupide ainsi valorisée.

À l'extrême, il est acquis que le lancement de la campagne « SNCF c'est possible » en 1985, en l'absence de toute concertation interne et alors que de nombreuses revendications commençaient à percer, eut un effet déclencheur d'une des plus longues grèves de l'histoire de la SNCF. Perçue comme une provocation, la campagne fut alors fortement détournée par les cheminots en grève. Ceux-ci utilisèrent également les médias afin de leur montrer les conditions de travail des agents avec le message qu'à la SNCF, tout n'était pas possible.

La campagne « Bougez avec la Poste » eut des effets plus contrastés. Elle a certes déclenché le signal d'une modernisation de l'établissement, mais le comportement inchangé des guichetiers a souvent apporté un démenti cinglant aux slogans proclamés.

Au total, l'entreprise a un intérêt majeur à lier sa communication externe et interne, à défaut les salariés risquent l'incompréhension devant les messages externes, voire l'opposition.

CONCLUSION

Si elle peut apparaître plus simple à élaborer et à mettre en œuvre en raison de sa cible unique : les salariés de l'entreprise, la communication interne doit faire l'objet d'une grande prudence. Elle doit en premier lieu être conduite en relation directe avec la politique des ressources humaines et de communication externe. Le rattachement administratif est de peu d'importance, il résulte souvent d'un jeu de pouvoirs internes à l'entreprise, par contre cette coopération est essentielle.

Ensuite, la communication interne doit éviter la tentation manipulatrice, le salarié ne peut être traité comme un client à qui il faudrait « vendre » l'entreprise. La logique de la communication interne n'est pas celle du marketing social, elle implique une participation là où le marketing recherche prioritairement l'adhésion.

Enfin, la communication interne doit appréhender ses limites. Il suffit, et chacun peut en faire l'expérience, d'interroger aléatoirement quelques salariés sur les dysfonctionnements majeurs de leur entreprise. La première réponse sera « le manque de communication » accusé de tous les maux. La tentation est alors grande chez le responsable de la communication de vouloir élaborer une politique ambitieuse, espérant atteindre son idéal de communication.

Si elle recherche l'efficacité, l'action entreprise devra rester humble et se défier de deux dérives fréquentes :

- l'importation au sein d'une entreprise d'un modèle de communication interne ayant fait ses preuves dans une autre entreprise, alors que le contexte et la culture interne sont radicalement différents ;
- la croyance que le manque de communication interne est source des dysfonctionnements de l'entreprise alors que c'est l'inverse qui est généralement avéré ; le manque de communication est un effet des dysfonctionnements organisationnels et non sa cause.

CHAPITRE V

Les cibles de la communication interne

La définition couramment admise de la communication interne comme étant celle qui vise les salariés serait inopérante si elle se contentait d'une vision totalisante. Au sein même d'entreprises à forte culture interne, il peut exister des différences significatives entre les catégories professionnelles : ouvriers, employés, encadrement, entre les générations, entre les appartenances syndicales... Il y aura lieu de distinguer le type de communication en fonction des attentes de chaque catégorie de personnel, de son statut et de son rôle. Pour cela, la première démarche sera de pratiquer un audit de l'état de la communication interne dans l'entreprise. En effet, avant d'engager de multiples actions, encore faut-il parfaitement connaître les attentes des salariés, leur culture d'entreprise et le niveau de climat social. Nous présentons ici les outils nécessaires pour cette connaissance avant de présenter le dispositif de communication interne par cible.

1. L'AUDIT DE LA COMMUNICATION INTERNE : LA CONNAISSANCE DES ATTENTES

Une importante gamme d'outils permet de connaître les attentes différenciées du personnel de l'entreprise. Elle se décompose en audit formel et informel.

1.1. L'audit de communication interne

Le questionnaire et l'entretien constituent les deux modalités de l'audit formel.

1.1.1. Le questionnaire

Il constitue la méthode la plus utilisée pour connaître les problèmes de communication interne à résoudre dans l'entreprise. Il consiste à remettre à chaque salarié, voire à la cible interne visée plus particulièrement, une série de questions destinées à mieux comprendre ses attentes en matière de communication. Le questionnaire peut être soit ponctuel, notamment lorsqu'il s'agit de faire la lumière sur un point précis, soit structurel lorsqu'il s'agit de mesurer des évolutions. Comme pour tout sondage, le questionnaire structurel appelé plus couramment baromètre d'opinion est préférable, car il permet une étude des résultats comparative dans le temps.

L'efficacité d'un questionnaire dépend du respect accordé à chacune de ses trois phases : son élaboration, sa diffusion et l'exploitation de ses résultats.

1.1.1.1. L'élaboration

Avant tout lancement d'enquête, il convient de bien définir l'objectif de celle-ci. Souhaite-t-on obtenir un constat qui conforte nos préjugés, une vision d'un malaise dans l'entreprise, des idées sur des voies d'amélioration… ? Un sondage se travaille et les résultats peuvent varier considérablement selon la manière de poser les questions. Il faudra veiller à ce que la réponse à la première question n'incite pas le salarié à répondre dans le même esprit à l'ensemble du questionnaire. Concrètement, une réponse à une question trop engagée de type « êtes-vous satisfait de votre travail ? » entraînera des réponses de même nature aux questions suivantes. Ce phénomène constitue l'effet de halo ; il apparaît lorsque la réponse à une question suivante peut être prévue en fonction de la réponse à celle qui précède.

Le questionnaire devra aussi veiller à :

- ne pas être trop long, sinon il dissuade d'y répondre,
- comporter prioritairement des questions dites fermées, c'est-à-dire où le choix de la réponse est indiqué,
- garantir l'anonymat. Le questionnaire sera rempli plus facilement si le salarié pense que les résultats ne serviront pas à juger sa motivation au travail.

Ceci implique non seulement de ne pas demander le nom de la personne mais également d'éviter les recoupements possibles. En effet, si vous demandez l'indication de l'âge, des diplômes, de l'ancienneté dans l'entreprise et la situation de famille, il sera ensuite aisé pour l'employeur de retrouver le nom du salarié.

Afin qu'aucune ambiguïté ne subsiste, il est conseillé que le questionnaire soit prétesté avant son lancement officiel auprès d'une petite catégorie du personnel. Cela permettra d'éviter les questions mal conçues pouvant prêter à confusion.

1.1.1.2. *La diffusion*

Il est nécessaire d'accompagner le lancement du questionnaire par une explication sur les objectifs. La direction doit prendre l'engagement de tirer toutes les conséquences des résultats obtenus, c'est-à-dire de répondre aux inquiétudes et aux attentes manifestées. À défaut de cet engagement écrit ou oral, le taux de participation risque d'être faible.

Il est préférable d'adresser le questionnaire sur le lieu de travail de l'intéressé plutôt qu'à son domicile. Celui-ci juge que cela entre dans le cadre de son activité professionnelle ; il y répondra davantage dans ce contexte.

Il convient également d'indiquer une date de retour pour les réponses. Celle-ci ne doit être ni trop proche afin de laisser le temps de répondre, ni trop éloignée sinon d'autres priorités supplanteront les réponses au questionnaire.

1.1.1.3. *L'exploitation des résultats*

Exploiter les résultats implique de les analyser, de les recouper et de les comprendre. Si 99 % des salariés indiquent qu'ils se sentiraient mieux professionnellement avec un salaire plus important, malgré le chiffre élevé, cela n'a pas de signification particulière puisque ce même chiffre pourrait se retrouver dans toute autre entreprise.

Il faut également savoir que le taux de retour moyen des questionnaires en entreprise est de l'ordre de 25 %.

S'agissant de grandes entreprises, le traitement informatique est préférable puisqu'il permet une connaissance approfondie de certaines catégories et des recoupements intéressants. Des comparaisons peuvent alors être effectuées selon les catégories d'appartenance, l'ancienneté dans l'entreprise…

Dans l'objectif d'approfondir certains points, il pourra être utile de compléter le questionnaire par une enquête de nature qualitative basée sur quelques entretiens en profondeur.

Les résultats étant alors connus, il conviendra de les communiquer. Cette phase est essentielle si l'on veut maintenir la confiance et répéter ce type d'enquête périodiquement. La diffusion peut s'effectuer indifféremment soit par une note ou plaquette spécifique, soit par la publication des résultats au sein du journal d'entreprise. Dans les deux cas, le chef d'entreprise devra s'impliquer en indiquant les enseignements majeurs qu'il retire des réponses au questionnaire ainsi que la voie d'amélioration sur laquelle il s'engagera désormais.

1.1.2. L'entretien

Il constitue le deuxième volet des audits formels en entreprise et peut prendre trois formes différentes : l'enquête qualitative, le rapport d'étonnement et l'entretien d'appréciation.

• *L'enquête qualitative* consiste à réunir un groupe de salariés afin de les interroger oralement. L'objectif est d'obtenir des jugements, des valeurs, des représentations parfois inconscientes, impossibles à obtenir par un questionnaire écrit. L'entretien est souvent approfondi et dure au minimum une demi-journée afin d'obtenir des résultats exploitables. Cette procédure suppose un groupe de petite taille (moins de dix personnes) afin que chacun puisse s'exprimer, l'absence de leadership au sein du groupe, sinon certains sont tentés de calquer leur position sur celle du leader et la conduite de l'entretien par un professionnel externe à l'entreprise. Seul un regard externe permet d'obtenir une relative confiance des participants et donc de favoriser leur réelle expression. Précisons également que la conduite de ce type de réunion est particulièrement délicate et qu'elle nécessite la connaissance de nombreuses techniques.

• Les nouveaux arrivants, qu'ils soient récemment recrutés, stagiaires ou en contrat à durée déterminée, ont souvent une vision intéressante sur le fonctionnement d'une entreprise. Il est fréquemment utile après une période de deux à trois mois passés dans celle-ci de leur demander leur impression sur les dysfonctionnements repérés et les éventuels cloisonnements ainsi que leurs propositions d'amélioration. La fraîcheur de leur regard est souvent un avantage pour détecter des éléments que la coutume et les traditions internes ont rendus difficilement repérables.

• *L'entretien d'appréciation* a pour objectif d'évaluer les compétences des salariés et d'être prioritairement un outil de gestion des carrières, mais il entre également dans la panoplie des outils d'audits et de communication ascendante. Il offre en effet la possibilité au salarié lors de son évaluation annuelle avec sa hiérarchie de s'exprimer sur tous les sujets et notamment sur sa vision de l'entreprise. Il est donc recommandé d'intégrer un volet communication interne lors de ces entretiens, le contexte d'une discussion en face à face s'y prête pour peu qu'elle s'effectue sur une durée suffisante et dans un climat de confiance adapté.

1.2. L'audit informel

Il a pour objet de connaître les attentes en matière de communication interne sans recourir à un outil spécifique. Il se décompose en méthodes managériales et en méthodes communicationnelles.

1.2.1. *Les méthodes fondées sur le management*

Quatre sont ici recensées.

A. Le management baladeur, appelé également management de proximité. Il part de l'idée que la meilleure connaissance des salariés ne peut s'effectuer qu'à l'aide d'un management décentralisé et d'une grande implication au niveau des dirigeants. Cela implique pour l'état-major d'une entreprise ainsi que pour le responsable de la communication interne, d'être le plus souvent possible en contact étroit avec le terrain afin de dialoguer avec les salariés. Les meilleures recettes sont parfois les plus simples : saluer ses collègues de travail en arrivant au bureau, prendre ensemble le café, déjeuner ensemble au restaurant d'entreprise… ces moments de non rentabilité immédiate sont indispensables pour un climat social amélioré et une motivation de long terme.

B. La sortie de service participe du même esprit. Il s'agit une fois par an de permettre à l'ensemble des salariés d'un même service de se retrouver en dehors du travail. Cela favorise la cohésion du groupe, permet souvent de détecter des informations difficiles à obtenir lors de l'activité professionnelle et facilite les relations ultérieures de travail. Le chargé de communication veillera à insérer des activités qui permettent les échanges (jeux, sports, concours…) tout en évitant les reconstitutions de clans ou de cloisonnements.

C. Le rôle de l'encadrement. Il est parfois affirmé qu'une politique – et un responsable – de communication interne serait inutile, « si les cadres faisaient leur travail ». Derrière la formule provocatrice se profile une double réalité. D'abord, il est effectivement du rôle de l'encadrement d'entreprise de pourvoir à la diffusion et à la remontée d'informations au sein de leur service. Ensuite, ce rôle est souvent insuffisamment rempli, soit délibérément parce que la rétention des informations est considérée comme un attribut du pouvoir, soit involontairement du fait de la surcharge de travail de nombreux cadres d'entreprise. Il reste qu'une action volontariste de communication interne devra nécessairement inclure le rôle et les contraintes de l'encadrement, à défaut son efficacité en sera réduite.

D. Les capteurs internes. Constitués de salariés volontaires, clairement et publiquement désignés, ils ont pour but d'être au sein de leur unité de travail des relais de communication. Souvent mis en place dans le cadre d'un observatoire social, ils servent également à détecter d'éventuels dysfonctionnements afin que ceux-ci ne se transforment pas en conflits sociaux.

1.2.2. Les méthodes instrumentales

Les méthodes présentées ici ont en commun de recourir à des outils informels au sens où leur destination originelle est plus large que la simple communication ascendante.

A. Le journal d'entreprise. Étudié en détail dans le chapitre suivant, le journal d'entreprise n'est ici mentionné qu'en ce qu'il constitue un formidable moyen, s'il est correctement utilisé, pour obtenir des remontées d'information sur les salariés et leurs activités. Le journal d'entreprise est souvent utilisé à tort comme un moyen de communication descendante, il possède aussi la qualité de la réciprocité.

B. La boîte à idées. Elle constitue la méthode la plus légère et la moins onéreuse en matière de communication interne.

Matérialisée par une boîte de type urne, elle permet à chacun de présenter – anonymement ou non – ses suggestions sur la vie de l'entreprise. Son efficacité est toutefois relative et dépend de son contexte. La boîte à idées nécessite souvent un lancement officiel présentant son objectif, le type d'« idées » demandées, le destinataire de celles-ci et éventuellement la récompense accordée aux idées les plus pertinentes. Une simple urne étiquetée « boîte à idées » dans un hall d'entreprise ne saurait intrinsèquement suffire pour obtenir des résultats majeurs.

La boîte à idées peut également se réaliser sous la forme immatérielle de messageries électroniques de type Intranet ou par répondeur téléphonique. Le choix du support n'est pas un critère de qualité ou de réussite.

2. LES CIBLES

Après avoir acquis un socle de connaissances théoriques ainsi que la connaissance des attentes grâce à l'audit réalisé, la mise en œuvre des actions peut débuter. Un dernier préalable reste toutefois nécessaire, il s'agit de la distinction entre cibles. Quatre types de discriminations peuvent être envisagés : la distinction par collège, par statut, par activités ou par ancienneté.

2.1. La séparation par collège

C'est la plus usuelle et souvent la plus pertinente. Elle consiste à reconnaître que le collège d'appartenance influe sur le rôle en matière de communication interne.

2.1.1. Le chef d'entreprise

Comme en matière de communication externe, le chef d'entreprise a un rôle fondamental vis-à-vis de la communication interne. Il est à la fois le premier porte-parole de la stratégie de l'entreprise auprès des agents et le garant de la légitimité de la communication qui l'accompagne. Il a également une position d'arbitrage puisqu'il aura parfois à décider d'actions pouvant heurter son équipe de direction. Prenons un exemple : il est fréquent que certains cadres dirigeants hésitent à participer à des réunions d'information en arguant de leur charge de travail. Dans ce cas, le chef d'entreprise devra trancher entre l'efficacité d'une politique de communication interne qui s'évalue sur le long terme et les obstacles ponctuels mais toujours bien argumentés.

Le responsable de communication ne saurait porter à lui seul cette politique, son premier obstacle sera de convaincre son dirigeant de la nécessité de celle-ci. S'il n'y réussit pas, la communication interne n'atteindra pas l'optimum.

2.1.2. Les cadres

Pierre angulaire en raison de la nature de leur mission, les cadres sont aussi le maillon faible de la communication interne. Si chacun est convaincu au niveau du discours de la nécessité de celle-ci, le passage à l'action est en pratique plus délicat à engager. Ici également, un long travail de persuasion sera nécessaire.

2.1.3. Les salariés

Cible de la communication interne, le salarié en est également l'acteur. Ceci implique de le considérer non seulement en tant que cible ou destinataire des messages, mais aussi comme un relais de l'action globale. Chacun doit se sentir acteur de la politique de communication. Dans le cas contraire, si chaque salarié pense que cette politique n'est que du ressort du spécialiste, l'action sera limitée. Le lancement d'une politique de communication interne recevra un accueil favorable puisque chacun est persuadé qu'elle doit s'améliorer. Il reste à convaincre que la réussite de cette action dépend de la conjugaison des efforts de tous.

2.2. La distinction par statut : le syndicat

Si envers l'organisation syndicale, l'entreprise est tenue, de par la législation du travail de divulguer certains types d'informations, le choix d'aller au-delà est une question de politique interne qui n'entre pas dans le cadre de cet ouvrage. Il convient néanmoins de noter une constante des actions de communication interne : une opposition très forte des organisations syndicales à leur mise en œuvre à partir du moment où elles n'y auraient pas été associées. En effet, les syndicats résument souvent la communication interne à une tentative d'établir un dialogue direct entre la direction et les salariés, alors qu'ils trouvent leur légitimité dans l'intermédiarité entre ces deux pôles.

2.3. La distinction par activités

Il peut être opportun – et moins onéreux – de conduire une politique de communication interne plus particulièrement ciblée sur une certaine catégorie de personnel, soit que celle-ci est jugée stratégique en raison de son pouvoir, soit qu'elle présente des symptômes de risques conflictuels. C'est ainsi qu'une entreprise comme la SNCF ou la RATP veillera plus particulièrement sur les salariés dits « roulants », qu'EDF engagera une action soutenue envers les conducteurs de centrales nucléaires, les entreprises de nettoyage envers les éboueurs... Plutôt que d'avoir une vue superficielle de l'état de la communication interne auprès de l'ensemble des salariés, il est parfois plus utile d'avoir une vision approfondie d'une minorité de ceux-ci, notamment lorsqu'elle est potentiellement agissante.

2.4. La distinction par ancienneté

La différence de générations est un paramètre explicatif de nombreux comportements dans l'entreprise. Certains anciens acceptent mal que de jeunes diplômés briguent des postes hiérarchiques en se réclamant de compétences théoriques. À l'inverse ces derniers jugent négativement l'attitude moins « battante » de générations proches de la retraite. Un fossé peut se creuser qu'il convient de combler rapidement.

Chaque cible devra faire l'objet d'une procédure spéciale. Ainsi les jeunes embauchés sont une population sensible en ce sens que de leur intégration dépendra souvent leur motivation ultérieure. Le fait que chacun dans l'entreprise ou le service concerné puisse prendre le temps de recevoir le jeune recruté, lui explique son activité, que celui-ci puisse être parrainé lors de son entrée dans la vie active, qu'un livret d'accueil lui soit remis, sont des actes faciles à mettre en œuvre et qui peuvent influer sur une évolution de carrière. En effet, l'organisation syndicale saura pallier la défiance de l'accueil de l'entreprise par un comportement plus adapté.

Ce ciblage global en 4 catégories n'exclut pas des actions plus fines sur certaines populations : stagiaires, sous-traitants travaillant sur le site, intérimaires, CDD, salariés non francophones, détachés, expatriés… Pour répondre aux attentes de chacun, il est important de bien répertorier l'ensemble des catégories d'interlocuteurs internes.

CHAPITRE VI

Les outils de la communication interne

Les outils sans la stratégie sont la ruine de la communication. Si chacun dans l'entreprise partage l'idée qu'il faut « plus et mieux communiquer », cela ne peut s'effectuer sans une réflexion préalable. Les outils constituent la déviance principale de la communication interne. Face à un dysfonctionnement constaté, la tentation est grande de vouloir y remédier par la création d'un outil de communication supposé représenter la panacée, la solution idoine et définitive du problème. L'outil ne prend sa force qu'au service d'une stratégie adaptée et cohérente. Par ailleurs son objectif doit être clairement défini, s'il est globalisant, il sera voué à l'échec. Une approche modeste mais concrète est souvent préférable aux ambitions démesurées du mieux-être en entreprise.

La mise en œuvre d'outils doit s'insérer dans une politique d'entreprise. Celle-ci aura à choisir entre outils spécifiques et outils non spécifiques à la communication interne.

1. LES OUTILS PROPRES À LA COMMUNICATION INTERNE

On appelle outils propres ou spécifiques à la communication interne les instruments ayant pour finalité unique l'amélioration de celle-ci. En raison de sa place dans le dispositif, il convient de mettre un accent particulier sur le journal d'entreprise.

1.1. Le journal d'entreprise

Il est l'outil incontournable de toute politique de communication interne. Plus des 4/5 des entreprises françaises disposent de leur journal interne et parfois même de plusieurs. La communication interne débute souvent par la mise en place d'un journal d'entreprise, étape liminaire avant d'autres types d'actions. Pivot de cette communication interne, le journal d'entreprise en reflète également toutes les ambiguïtés, hésitant en permanence entre la simple diffusion des informations jugées utiles auprès des salariés, et la volonté d'en faire un instrument quasi-affectif propre à renforcer la cohésion du groupe, la motivation des salariés et la culture d'entreprise. On a pu penser au début des années 2000 que la place du journal déclinerait au profit des outils électroniques de communication. On s'aperçoit qu'il n'en a rien été, le journal interne conserve sa place importante, celle-ci a seulement évolué vers un contenu plus substantiel (dossier de fond) alors que les rapports électroniques (newsletters, Intranet) se concentrent sur l'actualité immédiate et un traitement sous forme de brèves. Le choix du style de journal, c'est-à-dire principalement la ligne éditoriale, forme l'un des nombreux préalables à la création d'un journal interne.

1.1.1. Les préalables au lancement du journal

Beaucoup d'entreprises créent leur journal interne sans avoir répondu à plusieurs questions, de fait la durée de vie de ceux-ci est souvent brève. Ces questions concernent le recours à une agence extérieure, la définition du journal, la ligne éditoriale et la constitution du comité de rédaction.

1.1.1.1. Le recours à une agence extérieure

Les avantages de cette formule sont le gain de temps dans le domaine de la logistique (mise en page, impression), la garantie d'un certain niveau de professionnalisme, la possibilité de bénéficier d'un contrôle des échéances.

À l'inverse, ce dispositif risque d'être plus onéreux, les conseils pouvant être intéressés (augmentation de la pagination, quadrichromie, papier glacé…), ou décalés par rapport à la culture interne. Il risque d'entraîner une déresponsabilisation du comité de rédaction.

Le choix d'un partenaire externe dépend de l'objectif et des moyens alloués au journal. Si le tirage est supérieur à mille exemplaires, la pagination supérieure à huit pages et la périodicité mensuelle, un prestataire extérieur est conseillé. Sinon, le responsable de la communication interne peut en assurer le suivi sachant que la PAO a révolutionné le journal d'entreprise par sa souplesse d'utilisation. Un stage de deux ou trois jours permet d'en connaître les principales techniques.

Il faut également noter :

• l'importance de lancer un appel d'offres avant de choisir une agence, les différences de qualité et de coût pouvant être significatives ;

• la possibilité de mixer compétence interne et externe. Même réalisé en interne, le journal peut être imprimé à l'extérieur. Dans ce cas, il est conseillé de s'adresser directement à l'imprimeur, à défaut l'agence se contente d'assurer l'envoi à celui-ci moyennant une marge. De même, l'entreprise peut se faire aider par un journaliste pour collecter et réécrire les articles ; cela contribue à l'édification de l'unité de style du journal.

1.1.1.2. La définition du journal

Il s'agit ici de fixer l'appellation du journal, sa pagination, sa périodicité et sa présentation.

• Il est conseillé de sélectionner un titre de journal court, non détournable par une organisation syndicale, non incantatoire (« Gagner », « Réussir »...) à moins que ceci ne soit en phase avec la ligne éditoriale. Il est recommandé d'éviter les titres trop « communs » de type « Convergences », « Contact », s'il est envisagé de diffuser le journal à l'extérieur ; ces titres sont en effet courants dans le milieu de la presse d'entreprise et des confusions peuvent survenir. Un concours auprès du personnel peut s'effectuer sur le choix du titre, cela permet de faire participer les salariés à la création de « leur » journal. Notons au passage qu'en la matière, l'originalité n'est pas vertu et que la simple mention du nom de l'entreprise suivi de l'indicatif « journal », « magazine », ou « infos » est également opératoire.

• Il est recommandé de débuter le journal par une pagination réduite, car celle-ci permet d'assurer le respect de la périodicité et le respect de la qualité par une sélection des articles retenus. En outre, l'évolution ultérieure vers une pagination plus étoffée entraîne l'idée du succès du journal. Le mouvement inverse d'une pagination qui serait contrainte, faute d'articles, à se réduire, produirait un effet désastreux.

• Pour la périodicité, il est préférable de débuter par un journal paraissant tous les deux mois, quitte à évoluer rapidement vers une formule mensuelle. Le critère principal réside ici dans le traitement de l'actualité de l'entreprise, une formule trimestrielle ne permet pas une parfaite information des salariés qui risque parfois de s'effectuer avec trois mois de retard.

• La présentation est avant tout affaire de moyens. Le choix d'une formule en couleurs, sur papier glacé, comportant de belles illustrations et photographies procure un confort de lecture certain. Il peut à l'inverse entraîner des critiques sur le coût de fabrication.

1.1.1.3. La ligne éditoriale

Elle consiste à formaliser le projet sous-tendu par la création du journal. Quel est son objectif, quel sera son contenu, qui sera habilité à s'y exprimer, le directeur d'entreprise fera-t-il un éditorial régulièrement, l'accent sera-t-il porté sur les résultats ou sur les hommes, le traitement se fera-t-il sous forme de dossiers ou de brèves, parlera-t-on d'événements extérieurs à l'activité professionnelle (loisirs, carnet rose...), quelles seront les rubriques régulières, etc.

La tonalité du journal devra également être définie. Traitera-t-on seulement des réussites ou évoquera-t-on également les échecs ou les dossiers sensibles (l'alcool au travail par exemple). La plus grande clarté originelle est une condition de réussite. Le journal atteindra d'autant mieux son objectif que celui-ci sera nettement fixé : se positionne-t-il comme le journal de la direction qui en maîtrise le contenu ou comme celui des salariés qui peuvent s'y exprimer librement ? Bien entendu, le compromis entre ces deux extrêmes est envisageable et même recommandé. Il est alors important que ce projet rédactionnel soit rédigé, validé par le comité de rédaction et accepté par le chef d'entreprise ; cela permet d'éviter d'éventuels louvoiements.

1.1.1.4. La constitution du comité de rédaction

Le journal d'entreprise est composé de trois acteurs : le directeur de la publication qui en assume la responsabilité légale, le rédacteur en chef qui exerce la responsabilité opérationnelle et le comité de rédaction chargé de construire chaque numéro. La constitution de ce comité est une étape décisive qui doit respecter trois impératifs :
• un nombre limité : dix à douze participants, au-delà l'efficacité du travail se réduit ;
• une assurance de participation dans la durée. Les membres doivent prendre l'engagement d'assister à l'ensemble des réunions du comité, à défaut celui-ci risque de se déstabiliser par des absences trop répétées ;
• une représentativité maximale. Celle-ci concerne tout à la fois les différents services de l'entreprise et également

les collèges. Un comité composé exclusivement de chefs de service deviendrait inéluctablement un journal de cadres pour les cadres.

Ces préalables étant posés, l'élaboration du journal devient possible.

1.1.2. L'élaboration

1.1.2.1. Le rôle du comité de rédaction

Il a pour fonction principale de définir le contenu de chaque numéro. À ce titre, chaque membre devra proposer des articles pour le numéro suivant, des idées de dossiers à traiter, des personnes à interviewer. Chaque membre peut formuler des propositions en rapport avec son service mais également de manière transversale.

Il peut également se charger de la rédaction de l'article ou le confier à un collègue de service.

Le rôle du comité peut varier selon les entreprises. Pourvoyeur de projets d'articles, il peut étendre ses activités jusqu'à définir la mise en page du journal voire à se transformer en comité de lecture avant impression.

Il est conseillé avant le début de chaque réunion de tirer les enseignements du numéro précédent (points positifs et négatifs) afin de pouvoir améliorer les numéros suivants.

Enfin, avant la création du premier numéro, il est opportun de créer un numéro zéro, c'est-à-dire un projet de journal destiné à être testé avant son lancement officiel.

Le vocabulaire du journal d'entreprise

- **Calibrage** : estimation de la longueur d'un texte sur une largeur définie.
- **Chapeau** : court texte intercalé entre le titre et l'article.
- **Chemin de fer** : description sur une grande feuille de l'ensemble des pages du journal avec les grands axes principaux de leur contenu.
- **Cromalin** : (marque déposée) vérification de la restitution des couleurs.
- **Épreuve** : premier tirage du document. Il a pour but de permettre les corrections.
- **Ours** : encadré généralement positionné en fin de journal et présentant les différents collaborateurs et participants au comité de rédaction.
- **Routage** : diffusion du journal.

1.1.2.2. *La remontée des informations*

Il est fréquent qu'après l'enthousiasme des premiers numéros, les remontées d'informations deviennent plus difficiles. Afin d'aider les membres du comité de rédaction, un réseau d'informateurs peut être associé. Ceux-ci (voir le point précédent sur les capteurs internes) ont pour mission de faire remonter à leur correspondant membre du comité de rédaction toutes les informations jugées pertinentes. Ceci permet de démultiplier l'efficacité du comité en associant un grand nombre de salariés. D'autres méthodes peuvent être utilisées (boîtes à idées, courrier des lecteurs, ouverture ponctuelle du comité de rédaction…) mais leur efficacité est réduite.

1.1.2.3. *La maquette*

Étape décisive puisqu'elle consiste à agencer les différents articles au sein du journal, elle constitue le modèle fictif de la publication destiné à permettre le travail de mise en page : titres, illustrations, chapeau, texte… Le rédacteur en chef veillera à l'harmonie de longueur des articles ce qui nécessite parfois une compétence diplomatique. Il faut privilégier certaines informations, en réduire d'autres et ceci malgré les comportements de certains rédacteurs.

1.1.2.4. *Le bon à tirer*

Couramment appelé BAT, il constitue la dernière étape de la fabrication du journal. Il consiste à fournir un accord sous forme de signature, signifiant l'envoi de la maquette finale à l'imprimeur.

Les étapes de la rédaction d'un journal sont souvent d'une longueur importante. Les allers-retours entre rédacteurs-comité de rédaction-impression alliés aux relectures éventuelles et réécritures risquent souvent de fragiliser le respect des échéances. À ce titre, le comité de rédaction devra établir un planning de réalisation de chaque numéro afin d'éviter d'éventuels débordements sur les dates de fabrication et des retards de diffusion.

1.1.3. *La diffusion et les obligations légales*

Bien que les tolérances soient importantes en cas de non-respect, plusieurs obligations légales s'imposent au journal d'entreprise. Elles concernent principalement la diffusion du journal. La raison historique repose sur la crainte que certains journaux ne véhiculent des idées subversives : leur contenu doit pouvoir être contrôlé. Cette vérification est impossible étant donné le nombre de journaux d'entreprise, néanmoins la formalité subsiste. Par conséquent, le rédacteur en chef (ou le routeur) devra régulièrement adresser :

• quatre exemplaires à la Bibliothèque Nationale, en retour celle-ci lui retournera un numéro d'identification appelé *International Standard Serial Number (ISSN)* et constitué de 8 chiffres. Il devra être inscrit au sein de l'Ours ;

• un exemplaire à la Préfecture du département pour les publications régionales, un exemplaire à la régie du dépôt légal pour les publications ayant leur siège à Paris ;

• deux exemplaires au Parquet du procureur de la république du lieu d'impression.

Trois observations finales doivent être apportées sur le journal d'entreprise.

• D'abord étant donné sa périodicité, il ne peut « coller » à l'actualité. Toutefois, rien n'interdit de créer des hors-séries du journal si un événement se présente, une note flash si l'actualité l'impose. Ceci est particulièrement important en période de crise, la possibilité de rédiger et de diffuser rapidement par voie électronique un recto-verso d'informations à en-tête de la publication ne peut que renforcer la crédibilité de celle-ci.

• Le rédacteur en chef devra veiller à ce qu'aucune information importante ne manque. L'état-major de l'entreprise peut envisager de diffuser une information importante mais non urgente par simple note de service. La qualité du journal repose aussi sur la certitude d'y trouver des informations substantielles avec un traitement qui évite le langage trop administratif (langue de bois). Le travail de persuasion auprès des équipes de direction est donc fondamental.

• En dehors de la critique régulière effectuée par le comité de rédaction, il sera productif d'effectuer des enquêtes de lectorat afin de vérifier l'adéquation entre le contenu et le style de journal et les attentes des salariés. Dans cette hypothèse, il est préférable pour l'objectivité des résultats de dissocier l'enquête du journal, c'est-à-dire de ne pas l'encarter dans celui-ci. En effet, seuls ceux qui lisent le journal y trouveront l'enquête, alors que celle-ci peut également avoir pour finalité de connaître les raisons de la non-lecture chez certains salariés.

1.2. La circulation de l'information

La circulation de l'information dans l'entreprise est un des éléments paradoxaux de la communication interne. Chacun réclame le droit à l'information la plus complète tout en observant sa surcharge. Ceci réside en ce que l'information est un outil de pouvoir et qu'il est préférable d'avoir trop d'informations plutôt que de risquer de passer à côté d'une donnée stratégique.

1.2.1. Les outils écrits classiques

1.2.1.1. Notes et documents

Les notes, documents et rapports ont en commun qu'ils sont une des premières sources d'information dans l'entreprise.

Ces outils sont indispensables, ils forment le management au quotidien de l'entreprise, ils préconisent des actions, définissent des politiques. Ils sont pourtant l'objet d'incessantes critiques.

En effet, leur lecture procure souvent le sentiment que leur auteur tend davantage à prouver ses compétences par l'emploi d'un jargon techniciste qu'à faciliter la lecture de son destinataire.

Plutôt que de révolutionner l'information interne, il est souvent préférable d'agir sur des pratiques faciles à mettre en œuvre à partir de quelques conseils :

- évitez le jargon,
- soignez la présentation,
- utilisez des phrases courtes,
- allez à l'essentiel, les meilleures notes n'excèdent pas deux pages,
- indiquez les nouveautés, les éléments les plus importants par des encarts, du surlignage ou tout procédé de ce type,
- faites relire le document par un tiers afin de contrôler sa compréhension.

Il est également recommandé de bien vérifier la diffusion du document, notamment pour éviter les éventuels phénomènes de rétention.

1.2.1.2. Revues

Elles sont de deux ordres : revues professionnelles et revues de presse.

A. Les revues professionnelles

Elles sont une source d'information externe importante et permettent aux salariés, en fait à l'encadrement, de suivre l'actualité de leur secteur d'activité. Ces revues sont pour la plupart assez onéreuses et plus particulièrement les lettres dites confidentielles du type *La lettre de l'Expansion* ou *La lettre des Échos*. Une rationalisation des abonnements est souvent souhaitable. Elle consiste à harmoniser l'ensemble des abonnements de manière à éviter que plusieurs salariés ne soient abonnés à la même revue, alors qu'un journal également important n'aurait fait l'objet d'aucun abonnement. Cette procédure qui permet souvent de fortes économies peut être accomplie par un stagiaire chargé du recensement des abonnements puis de la mise en place d'un système de diffusion. Nous sommes ici dans une perspective « gagnant-gagnant » puisque la quantité d'informations recueillie s'accroît logiquement. La qualité croît également lorsque le destinataire d'une revue indique (surlignage) les informations stratégiques contenues avant de la mettre en circulation.

B. Les revues de presse sont des copies d'articles parus dans la presse externe et relatifs à l'entreprise. Elles peuvent être réalisées par des agences spécialisées (Presse Plus, Secodip…) lorsque la quantité est importante, soit le plus souvent par l'entreprise elle-même. Ces revues sont importantes dans le cadre de la continuité externe/interne en communication que nous avons décrite précédemment. Il convient donc, dans cet objectif de valorisation interne de l'entreprise et de motivation des salariés, d'en assurer la plus large diffusion. Bien entendu, cette diffusion doit s'effectuer également lorsque les articles sont négatifs. Cela peut renforcer la cohésion interne, en outre l'absence de diffusion risquerait de générer des rumeurs. À noter également l'existence d'une redevance sur les revues de presse afin de lutter contre le « photocopillage » des articles originaux (loi du 3 janvier 1995).

1.2.1.3. L'affichage

Si elle est le plus souple des moyens de communication interne, l'affiche est aussi le plus délaissé. Elle est souvent l'alibi des actions d'information et permet de culpabiliser le salarié non informé « pourtant, c'était sur le panneau d'affichage ». Sans permettre un renversement de tendance, quelques conseils pratiques en amélioreraient l'efficacité :

- choisir le lieu d'affichage : un couloir de bureau n'est pas une bonne solution. À l'inverse, le hall d'accueil, la machine à café, en face des ascenseurs sont des endroits possibles ;
- faire court : l'affiche ne peut proposer que des messages brefs. Cela n'empêche pas d'indiquer la voie à suivre pour obtenir des informations complémentaires ;
- renouveler rapidement : le réflexe de regarder les panneaux ne peut naître que de la curiosité d'y apprendre une information nouvelle.

1.2.2. Les outils oraux classiques

1.2.2.1. Conférences et discours au personnel

Il est nécessaire que la présence physique prédomine sur l'écrit, essentiellement parce que l'oralité permet le dialogue. La communication sans dialogue n'est que de l'information.

Le discours au personnel, malgré son formalisme, est une nécessité lorsqu'il s'agit d'annoncer un événement important dans la vie de l'entreprise : innovation, rachat, acquisition, fusion. Il permet au dirigeant d'asseoir sa légitimité tout en évitant les critiques de non information. Pour des raisons de tactique managériale, il est parfois préférable que les décisions négatives soient annoncées par un adjoint qui endosse ainsi la responsabilité du fusible. Cela épargne l'image du dirigeant qui peut, selon les réactions internes, amender favorablement le projet.

1.2.2.2. Événement interne

En dehors des conférences formelles, les dirigeants ou les chefs de service doivent aussi prononcer des discours lors d'événements moins stratégiques : vœux, pots de départ… Si l'ambiance festive qui prévaut lors de ces occasions ne doit pas être dénaturée, celles-ci permettent de délivrer indirectement quelques messages. Le rôle du communiquant interne sera de s'assurer que ces événements festifs perdurent, qu'une majorité de salariés y assistent et ne s'y retrouvent pas en reproduisant les cloisonnements de leur service ou activité.

Certains événements internes peuvent aussi être créés dans un objectif *incentive*. Il s'agit ici d'une technique de stimulation originellement destinée à motiver des équipes commerciales et qui consiste à récompenser une réussite par un cadeau quelconque, souvent un voyage. Ces *incentives*, très pratiquées dans le milieu des concessionnaires automobiles ou des assurances, permettent de jouer sur l'émulation entre salariés afin d'atteindre des objectifs préalablement désignés.

1.2.2.3. *Les réunions de service*

Elles sont l'élément le plus trivial de la communication interne. Toutes les entreprises en pratiquent, les fréquences sont multiples et la plupart des participants en ressortent avec une image négative. Pour que la réunion soit efficace, cinq conseils de base doivent être respectés.

- Définir clairement son objectif : qu'attend-on comme résultat en fin de réunion ?
- Fournir préalablement l'ordre du jour aux participants.
- Être précis sur le *timing* : commencer et finir à l'heure prévue.
- Animer les débats, ce qui implique de faire éviter les apartés, les participants silencieux, les conflits. L'animation de réunion est une affaire de technique, elle s'enseigne dans de nombreux stages.
- En assurer un suivi de manière à éviter le sentiment d'inutilité de nombre d'entre elles.

Le plan de communication interne

Celui-ci se construit par la réponse aux dix questions suivantes :

1. Quel est mon objectif : motivation, cohérence, information, climat social… ?
2. Quelle est ma méthode : participation des salariés, travail en état-major, commande à un consultant ?
3. Quel message faut-il faire passer ?
4. Quels sont les points forts et les points faibles de la communication interne dans l'entreprise ?
5. Quelles sont les cibles prioritaires ?
6. Quels moyens utiliser ?
7. Comment mesurer les résultats ?
8. Quelle échéance faut-il se fixer pour obtenir des résultats ?
9. Qui pilotera les différentes actions ?
10. Quel budget faut-il y consacrer ?

1.2.3. Tendances récentes

Deux évolutions se dessinent, l'une vers une originalité des techniques de diffusion interne, l'autre vers l'emploi de nouvelles technologies.

1.2.3.1. Des techniques originales basées sur l'écrit ou l'oral

A. L'agence d'information interne

Elle est une spécificité des grandes entreprises possédant de nombreuses implantations locales. Elle fonctionne comme une agence de communication classique, à la différence que les dépêches qu'elle produit sont strictement diffusées en interne. Concrètement, il s'agit d'un membre de l'équipe communication interne, maîtrisant les techniques du journalisme d'entreprise, qui rédige, en fonction de l'actualité de l'entreprise, des notes d'informations (flash d'actualités, dossiers, argumentaires) adressées par télécopie ou messagerie électronique à l'ensemble des unités. Ceci permet une grande réactivité dans l'information mais nécessite des moyens conséquents. La plupart des grandes entreprises en disposent. La SNCF a lancé au printemps 2004 un dispositif « Temps réel » qui permet d'adresser une information quasi quotidienne à plus de 57 000 de ses salariés.

B. Les portes ouvertes internes

Ici également, la communication interne importe une technique de la communication externe. En l'espèce, celle-ci repose sur l'idée du décloisonnement entre différents services d'une entreprise. Il s'agit de permettre à chaque salarié de rencontrer l'ensemble des services de son entreprise, chacun lui présentant son activité. Plusieurs formules sont imaginables, cela peut aller de la réunion de présentation inter-service aux stands d'animation, en passant par la simple prise de rendez-vous entre salariés. Ses effets sont largement positifs pour un faible coût.

1.2.3.2. *Les nouvelles technologies au service de l'information interne*

A. Le journal lumineux

Il consiste en un panneau d'informations télématiques, posé de préférence dans le hall de l'entreprise. Il permet de diffuser toute l'actualité de l'entreprise avec la réactivité la plus importante. Par ailleurs, son coût d'acquisition et de maintenance est réduit. Il forme un substitut ou un complément efficace aux panneaux d'affichage classique dont il partage toutefois les contraintes d'obsolescence (renouvellement nécessaire des informations).

B. Le journal téléphonique

Il s'agit de simples informations enregistrées disponibles sur répondeur téléphonique. À l'exemple du journal lumineux, il vise à fournir des informations brèves, régulières, de manière souple et à coût réduit. Il s'en distingue toutefois par l'aspect actif de la démarche demandée au salarié ; à lui de composer le numéro de téléphone pour obtenir l'information. Il est recommandé d'effectuer la mise à jour des messages à date fixe, le vendredi soir par exemple, ceci dans la perspective de générer un réflexe d'écoute chez les salariés arrivant le lundi matin. Le message ne doit pas excéder trois à cinq minutes, sinon il risque de lasser l'auditeur qui, par expérience, l'écoute en pratiquant une activité de détente (boire un café, fumer une cigarette, etc.).

L'efficacité du journal téléphonique dépend essentiellement de la nouveauté et du contenu des informations. Si le salarié a l'habitude d'y entendre des informations pratiques dans un langage clair, il persistera à appeler. Sinon, si la périodicité de renouvellement des informations est trop espacée, si les informations ont déjà été fournies par d'autres canaux, il abandonnera rapidement. Ceci explique que le journal téléphoné ne soit pratiqué que par moins de 5 % des entreprises françaises.

C. La vidéotransmission

Elle consiste à transmettre des informations en direct grâce une liaison satellite. Sa lourdeur et son coût la réservent aux grandes entreprises et cela d'autant plus qu'elle permet la diffusion à une infinité d'implantations nationales ou internationales pour peu qu'elles soient équipées de récepteurs adaptés.

Elle est pratiquée soit à l'occasion d'événements réguliers de type présentation de résultats au personnel, soit à l'occasion d'un événement exceptionnel et qui mérite une intervention du président ou d'un directeur de l'entreprise.

D. Intranet et messagerie électronique

Ils présentent de nombreux avantages : une souplesse d'utilisation qui permet de diffuser rapidement une infor-

Les nouvelles missions
du directeur de la communication

« L'apparition du courrier électronique conduit à la mise en réseau d'un nombre croissant de personnes. Ainsi aux AGF 70 % des 22 000 collaborateurs se connectent chaque jour sur le journal télématique et chaque salarié peut trouver, au moins chaque matin, un message de la direction dans la boîte aux lettres de son micro-ordinateur ou de son minitel ».

Source : G. Marion, *Revue Française de Gestion*, mars-avril-mai 1998, n° 118, p. 8.

mation, la possibilité par le biais des adresses électroniques de sectoriser les envois à telle ou telle catégorie de salariés, l'interactivité possible du dispositif qui permet au salarié de réagir.

La messagerie est donc un outil complet puisqu'il permet les trois types de communication cités précédemment : ascendante, descendante et mutuelle.

Réservé à des entreprises fortement informatisées, ce système est vraisemblablement promis à un grand avenir malgré les cinq inconvénients suivants :

- un attrait réduit : c'est un média « froid » par excellence ;
- le risque de surcharge en information. La diffusion d'une information s'effectuant simplement par la touche envoi, la hiérarchisation des informations est inexistante et peut produire des engorgements et une saturation des utilisateurs ;
- son incidence managériale non encore définie : possibilité de court-circuiter certaines hiérarchies ;
- l'exclusion des salariés non équipés d'ordinateurs ;
- l'absence de réelle confidentialité des informations transmises.

2. LES OUTILS NON SPÉCIFIQUES

En dehors de la panoplie classique des outils propres à la communication interne, il existe toute une série d'instruments poursuivant les mêmes objectifs. Il peut s'agir d'instruments de communication externe, voire de moyens totalement immatériels ou informels.

2.1. Les moyens de la communication globale

Ils sont pour l'essentiel classés en trois catégories.

TABLEAU 1
Qualités comparées des outils de communication interne

	Fréquence d'utilisation en entreprise	Souplesse	Inter-activité	Coût
Journal d'entreprise	* * *	* *	*	* *
Réunion de service	* * *	* *	* * *	*
Journal téléphoné	*	* * *	*	*
Vidéotransmission	*	*	*	* * *
Revue de presse	* *	* * *	*	*
Boîte à idées	*	* *	* * *	*
Sortie de service	*	*	* * *	* *
Portes ouvertes interne	*	*	* * *	*
Audiovisuel interne	*	*	*	* *
Panneaux lumineux	* *	* * *	*	*
Agence d'informations	*	*	*	* * *
Entretien d'évaluation	* * *	* *	* * *	*
Discours au personnel	* * *	*	*	*
Affichage	***	***	*	*
Intranet	***	**	*	***
Messagerie électronique	* * *	* * *	***	*

2.1.1. *Les relations publiques*

Comme en matière de participation à une foire commerciale ou un salon professionnel, l'inauguration (innovation, bâtiment, mise en service d'ouvrage…) a longtemps symbolisé l'opération de relations publiques exclusivement dirigée vers l'externe. Cette situation a évolué vers un axe interne en raison de deux mouvements ; la manifestation et l'inauguration.

• La manifestation est organisée par des salariés qui ont eux-mêmes contribué à l'objet même de l'inauguration. Les avantages sont appréciables :
– la souplesse de la mise en œuvre,
– le développement de sensibilités à la communication « l'affaire de tous »,
– la valorisation des agents dans la présentation de leur travail,
– le coût réduit.

• L'inauguration, instrument de cohésion.

Dans cette perspective, les invités sont largement, et parfois majoritairement, des salariés de l'entreprise.

Exemple : le Centre Régional du Transport d'Énergie et de Télécommunications. Basé à Marseille et comptant 760 agents, cette entreprise a initié une politique originale. Lors des inaugurations, furent invités, outre les notabilités inéluctables (préfets, parlementaires, élus locaux...) les salariés dont l'activité professionnelle était la plus répétitive et la plus cloisonnée afin qu'ils puissent constater par eux-mêmes l'objectif final de leur travail (métaphore de la cathédrale). C'est ainsi que furent invités les standardistes, le personnel affecté au service du courrier, la reprographie...

Ce type d'inauguration interne eut un effet excellent sur la cohésion de l'unité. Il équivaut vraisemblablement en efficacité à de nombreux discours de mobilisation ou stages de management.

2.1.2. *Les relations avec la presse à usage externe*

L'objectif est ici de valoriser le personnel tout en accentuant la fierté d'appartenance grâce à une communication presse adaptée. Ceci peut s'effectuer par le biais du reportage en profondeur, du zoom sur un salarié en raison d'un résultat atteint professionnellement, voire même au titre d'un de ses loisirs. Cette optique de relations presse, particulièrement efficace avec la presse quotidienne régionale, permet également vis-à-vis de l'externe d'offrir une image plus chaleureuse puisque plus humaine de l'entreprise.

2.1.3. *Mécénat et sponsoring interne*

Le parrainage, de par ses objectifs, est clairement un outil de communication externe. Il reste qu'il produit des effets internes qu'il convient de maîtriser, voire même de développer au profit du renforcement de certaines valeurs.

En effet, les manifestations soutenues permettent de montrer au personnel la place et les valeurs que l'entreprise entend propager à l'extérieur.

Certes, l'objectif interne est rarement invoqué comme un objectif en soi. Seules 5 % des actions de parrainage recherchent prioritairement un effet interne. Toutefois la faiblesse de ce résultat dissimule une réalité plus contrastée. Ainsi, selon les données fournies par l'Union des Annonceurs :

• 41 % des actions visent les deux types d'effet indifféremment.
• Plus la taille de l'entreprise croît, plus celle-ci cherche une complémentarité interne-externe de l'effet.
• Certains thèmes de parrainage visent plus largement le public interne : exploit, aventure, humanitaire, solidarité… Il en est ainsi pour certains sports qui permettent de décliner en interne une image de performance ou de cohésion. Le sponsoring du bateau, « l'esprit d'équipe » par l'entreprise Bull dans les années 80 en est un exemple. Il lui a permis de largement démultiplier les valeurs « d'équipe » en interne.
• Il est à signaler également la possibilité pour une entreprise de parrainer un de ses salariés. Cette pratique qui peut renforcer une cohésion d'équipe est toutefois peu répandue puisqu'elle entraîne un risque de survalorisation d'un individu par rapport au groupe, elle nécessite également une certaine constance dans l'obtention des résultats de la part du salarié.

Au total, la distinction entre outils externes et internes doit éviter l'hermétisme. De nombreuses relations existent entre eux. Ils doivent être envisagés comme éléments moteurs indissociables d'une dynamique d'entreprise.

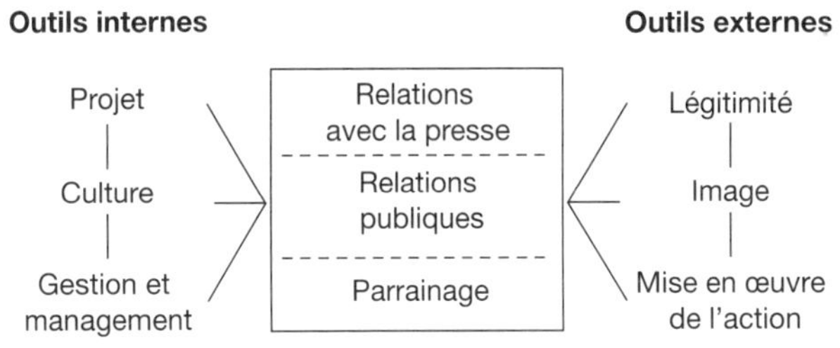

2.2. Les moyens informels de la communication interne

Ils se distinguent en moyens humains, topographiques et immatériels.

2.2.1. Les moyens humains

Il ne s'agit pas ici d'outils au sens classique et aucun conseil en communication ne les inclut dans ses recommandations. Ils doivent être appréhendés avec la plus extrême prudence pour éviter de dériver vers le cynisme ou la manipulation. Pourtant, il est essentiel de les considérer parmi les éléments d'une politique de communication interne.

2.2.1.1. *L'attention aux individus*

Aucune politique ne sera efficace si les salariés éprouvent le sentiment d'une absence de considération. Le simple fait pour le directeur d'entreprise et son chargé de communication de pouvoir appeler un maximum de salariés par leur nom et prénom, éventuellement de pouvoir les interroger sur un aspect de leur vie familiale (naissance de X, entrée à l'école de Y, maladie de Z), marquera une attitude de respect profitable aux relations sociales.

2.2.1.2. *La forme des rapports entre salariés*

Beaucoup d'entreprises érigent le tutoiement en règle quasi obligatoire des relations dans l'entreprise. L'idée tacite est d'engendrer une image égalitaire tout en améliorant la sympathie entre salariés. Si elle repose sur une intuition aisément compréhensible, cette idée doit être traitée avec circonspection car elle n'est pas vérifiée expérimentalement. Le tutoiement généralisé peut provoquer des effets pervers là où une certaine distance aurait été préférable. Une entreprise autocratique qui déciderait la règle du tutoiement risquerait au mieux l'inefficacité, au pire des problèmes sociaux. Il est ici préférable d'éviter une généralisation abusive et notamment de recommander le tutoiement alors que la franchise s'épanouit souvent mieux dans une relation de vouvoiement (l'affectif y étant absent).

Dans le même esprit, nous éviterons toute allusion au look des salariés. Certaines entreprises adoptent un style qui a pu conduire à des affaires en justice. Sans aller aussi loin, force est de constater qu'il y a un look des professions financières, des entreprises informatiques, des équipes commerciales. S'il est révélateur d'une culture d'entreprise, l'habit ne saurait en être un instrument de changement. L'habit accompagne une évolution, il ne saurait la précéder.

2.2.2. Les moyens topographiques

Il est acquis que l'espace de travail tout comme le design des bureaux exercent une influence sur le comportement au travail. Ils entrent ainsi indirectement mais efficacement dans la catégorie des outils de communication interne.

2.2.2.1. *L'aménagement du bureau*

Une des premières difficultés en communication interne réside souvent dans le cloisonnement des informations qui se calque sur celui qui existe entre service et activités. Pour cette raison, de nombreuses entreprises se lancèrent dans des politiques de bureau paysager. L'idée était qu'en mettant plusieurs personnes ensemble, l'information circulerait mieux alors même que diminuerait la part consacrée à la vie privée (appels téléphoniques personnels notamment). Quelques années plus tard, les cloisons se reconstruisirent sous la pression des intéressés qui acceptaient difficilement une situation perçue comme contraignante.

D'autres entreprises (Accenture, IBM...) abolissent même la notion de bureau afin d'éviter la sclérose intellectuelle due à l'habitude de retrouver chaque jour le même bureau. La première vision repose sur un coût réduit en termes d'occupation de l'espace, puisque chaque consultant se voit assigné en arrivant un bureau libre en fonction des disponibilités. Il reste que les effets en communication interne sont évidents, notamment en termes quotidiens de nouveau voisinage.

2.2.2.2. *L'aménagement professionnel général*

Il s'agit ici tout d'abord du design interne de l'entreprise. Un bâtiment fonctionnel construit rapidement dans l'immédiate après-guerre procure peu d'éléments incitateurs à une communication entre salariés. Les couloirs sont étroits, les bureaux sont alignés les uns à côté des autres autour de salles de réunion, la conception géométrique de l'univers fonctionnel était alors incontestée.

Depuis les années 80, l'espace est plus ouvert, les lignes droites sont moins répandues, le verre plus utilisé. L'importance d'éléments jugés superflus à l'instar de tableaux, de posters, de plantes vertes... réapparaît tout comme la nécessité d'un espace libre type documentation, ou distributeur de boissons. Au total, l'entreprise s'aperçoit que la communication interne débute bien souvent par une succession d'éléments jugés mineurs mais qui sont en fait le préalable à la mise en œuvre de techniques plus sophistiquées.

2.2.3. La rumeur

Plus vieux média au monde, la rumeur est aussi une des sources privilégiées de l'information au sein de l'entreprise et un des plus lourds obstacles à la communication interne. La rumeur peut se définir comme une affirmation infondée transmise oralement ou de plus en plus par Internet, destinée à être crue et dont on ignore l'origine.

2.2.3.1. L'apparition et la diffusion de la rumeur

La rumeur apparaît dans toutes les entreprises mais prioritairement dans celles qui communiquent peu. C'est un palliatif face à un manque de communication ou à une communication abondante mais déconnectée des réalités perçues par les salariés. Elle se manifeste également dans les services ou activités où règne une certaine tension soit à la suite d'une action particulière (changement de directeur, plan de licenciement) soit simplement à la suite d'une mauvaise ambiance généralisée. Sa tournure est très majoritairement négative et l'information diffusée est souvent proche de la diffamation.

Une des caractéristiques essentielles de la rumeur est sa rapidité de circulation. Elle porte en elle un élément de valorisation de son émetteur qui lui permet de délivrer une information alors même que celle-ci apparaît confidentielle. La rumeur circule d'autant plus rapidement que chacun a intérêt à sa diffusion.

2.2.3.2. Les techniques d'extinction de la rumeur

Dans l'hypothèse où la rumeur est infondée, il convient en premier lieu de déterminer son origine et pour cela de détecter quels peuvent en être les bénéficiaires. Si la rumeur attaque un chef de service, ce peut être un adjoint qui brigue la place, un employé sanctionné… À défaut de retrouver la source, il est nécessaire de culpabiliser les propagateurs afin que ceux-ci ne puissent se valoriser en diffusant de fausses informations, l'idée étant de communiquer sur l'aspect « insensé » de cette information. Enfin, troisième possibilité, saturer l'ensemble des récepteurs par une communication. Dans ce cadre, il faut informer un maximum de salariés puisque si chacun de ceux qui sont susceptibles de véhiculer une rumeur la connaissent, il n'y a aucun intérêt à la transmettre. L'idée centrale est celle-ci : pour éteindre la rumeur, il convient de tout mettre en œuvre pour la qualifier de rumeur.

Bien évidemment, l'anticipation est préférable et les entreprises à communication régulière et crédible sont celles où les rumeurs sont les plus faibles.

CONCLUSION

Point focal de toutes les remises en œuvre, canalisant critiques et suggestions d'amélioration, la communication forme le socle de tous les dysfonctionnements. Il suffit qu'une institution ne se régule pas de façon optimale pour qu'aussitôt la communication apparaisse par défaut : « Nous ne communiquons pas assez, il faut communiquer ».

Cette évidence hâtive du monde économique, politique et administratif reçoit aujourd'hui une actualité nouvelle avec le développement des nouvelles technologies de l'information et de la communication. Il ne suffit plus de communiquer, il faut être moderne. Cela conduit fréquemment de nombreuses organisations à s'engager résolument vers l'édition de CD Rom, à créer un serveur sur Internet et à utiliser tous les outils de communication possibles à la condition qu'ils apparaissent en phase avec la technologie du nouveau millénaire.

Entre cette tendance techniciste et le repli sur soi, pour des raisons budgétaires ou d'efficacité mal perçues, la communication est aujourd'hui au centre d'un débat.

Celui-ci porte sur l'efficacité, le rôle social et les dérives possibles de la communication. Ce débat s'explique autant par la remise en cause de l'entreprise que par celle de la communication. L'entreprise a longtemps figuré le pivot économique et social de la société de par son rôle de producteur de richesses. Avec la stagnation économique qui perdure, l'entreprise devient le lieu de toutes les demandes. Par conséquent, la communication devient essentielle dans un objectif de relégitimation des relations entre le monde de l'entreprise et son environnement au sens large. La communication d'entreprise doit donc relever un triple défi :

• élargir son domaine d'activité à des thèmes ignorés jusqu'à une date récente : la protection de la nature, la solidarité, le développement durable… ;
• se baser en permanence sur des faits concrets et éviter toute tentation manipulatoire ;
• se rappeler que la communication ne peut se réduire à la fonction de diffusion de messages ou de propagation de déclarations intéressées.

Comme en matière de développement, la communication d'entreprise sera durable si elle se base sur l'écoute et le respect de son interlocuteur défini plus largement qu'une simple cible.

BIBLIOGRAPHIE

Beau D., Daudel S., *Stratégie d'entreprise et communication*, Dunod, 1992.

Beaudouin J.-P., *L'opinion, c'est combien ?*, Village Mondial, 2005.

Bougnoux D., *La communication contre l'information*, Hachette, 1995.

Détrie P., Meslin-Broyez C., *La Communication interne au service du management*, Liaisons, 2e édition 2001.

Hebert N., *L'entreprise et son image*, Dunod, 1987.

Heude P.-R., *Guide de la communication pour l'entreprise*, Maxima, 2002.

Lamarque P., *Les désordres du sens*, ESF, 1993.

Libaert T., *Le plan de communication*, 2e édition, 2003.

Schwebig P., *Les communications de l'entreprise*, McGraw-Hill, 1988.

Tixier-Guichard R., Chaize D., *Les Dircoms-À quoi sert la communication ?*, Seuil, 1993.

Westphalen M.H., *Le Communicator*, Dunod, 2004.

QUIZ

1) Citez cinq outils de la communication financière. (réponse page 8).
2) Qu'est-ce que la communication d'acceptabilité ? (réponse page 16).
3) Quelles sont les qualités d'un bon logo ? (réponse page 22).
4) En quoi l'esthétique industrielle rejoint-elle la communication d'entreprise ? (réponse page 24).
5) Qu'est-ce qu'une *copy strategy* ? (réponse page 28).
6) Qu'appelle-t-on la communication B to B ? (réponse page 30).
7) Comment se préparer pour une interview ? (réponse page 42).
8) Citez cinq conditions de réussite dans une foire commerciale (réponse page 52).
9) Quelles sont les deux écoles en matière de communication écrite ? (réponse page 54).
10) Quels sont les trois principaux objectifs du parrainage ? (réponse page 58).
11) Quels sont les trois étapes et les trois volets de la communication interne ? (réponse page 69).
12) Quelles sont les relations entre la communication interne et externe ? (réponse page 73).
13) Qu'est ce qu'un ours sur un journal d'entreprise ? (réponse page 91).
14) Quels sont les avantages et inconvénients des nouvelles technologies sur la communication interne ? (réponse page 100).
15) Comment lutter contre les rumeurs dans l'entreprise ? (réponse page 106).

TABLE DES MATIÈRES

Réalisé en P.A.O. par STDI - Z.A. Route de Couterne - 53110 LASSAY-LES- CHATEAU
N° 377807G - *Imprimé en France.* - JOUVE, 11, bd de Sébastopol, 75001 PARIS